公共基础课系列

创新创意

——创业指导与实践

CHUANGXIN CHUANGYI
CHUANGYE ZHIDAO
YU SHIJIAN

主　编◎周　瑶　黄国波
副主编◎张艳妮　赵鹏宇

北京师范大学出版集团
BEIJING NORMAL UNIVERSITY PUBLISHING GROUP
北京师范大学出版社

图书在版编目(CIP)数据

创新创意——创业指导与实践/周瑶，黄国波主编. —北京：北京师范大学出版社，2024.1(2025.1重印)

ISBN 978-7-303-28591-4

Ⅰ.①创… Ⅱ.①周… ②黄… Ⅲ.①职业选择—高等教育—教材 Ⅳ.①G717.38

中国版本图书馆CIP数据核字(2022)第258671号

出版发行：北京师范大学出版社 https://www.bnupg.com
北京市西城区新街口外大街12-3号
邮政编码：100088
印　　刷：天津市宝文印务有限公司
经　　销：全国新华书店
开　　本：787 mm×1092 mm　1/16
印　　张：12.5
字　　数：300千字
版　　次：2024年1月第1版
印　　次：2025年1月第2次印刷
定　　价：40.00元

策划编辑：周光明　　责任编辑：周光明
美术编辑：焦　丽　　装帧设计：焦　丽
责任校对：陈　民　　责任印制：赵　龙

前　言

高校人才培养的终极目标在于立德树人，创新创业教育作为国家实施创新驱动发展的重要战略，是高校人才培养的重要组成部分。高校的创新创业教育既受到内部因素的影响，也与外部环境紧密相连，是一个内外因素相互影响、相互联系和相互支撑的生态系统。因此，创新创业教育要落实“立德树人”这一根本任务，必须从育人环节的全过程、全方位出发，统筹多方资源，形成良好的教育生态。台州作为民营经济发源地，创新创业文化十分兴盛，源自台州地区的大陈岛垦荒精神，即是台州人民创新创业实践的凝练，它与红船精神、浙江精神一脉相承，是中国共产党在不同时期创业工作的经验升华，是创新创业教育的宝贵资源。因此，本书试图将以大陈岛垦荒精神为代表的台州地方创新创业文化融入高校创新创业教育，希望以此激发学生的创业精神，培养德才兼备、全面发展的中国特色社会主义合格建设者和可靠接班人，助力创新创业教育的育人功能达成。

全书共八章，内容包括走进创新创业时代、创业者与创业团队、创业机会与创业风险、创业计划书编写与展示、商业模式的设计与创新、精益创业、创业资源与融资和创新创业实践。

本书具有系统性、实用性、时代性、可读性等特点。

●系统性：本书系统地介绍了大学生创新创业的基本理论与方法，通过整合国内最新研究成果构建内容体系，便于学生更好地学习。

●实用性：本书坚持理论与实际相结合的原则，通过“案例导学”“拓展阅读”“教学活动”等模块增强了内容的实用性。

●时代性：本书在内容讲解中参考了最新的创业政策与相关法律文件，所举案例主要为贴近大学生日常生活的经典案例，力求为学生提供最新的创新创业知识，便于其更好地进行创新创业实践。

●可读性：本书图文并茂、案例丰富、版面精美，语言简洁、文字优美，具有很强的可读性。

本书由周瑶、黄国波担任主编，张艳妮、赵鹏宇（忻州师范学院）担任副主编。张艳妮负责全书整体结构设计，赵鹏宇、许小虎（温州大学）、张艳妮修改定稿，周瑶、黄国波审定。本书具体编写分工为：第一章由龚璐负责；第二章由沈璟璟负责；第三章由马哲负责；第四章由李鑫负责；第五章、第七章由王益萍负责；第六章由陈力扬负责；第八章由张艳妮负责；教学活动设计由沈一军负责。在本书编写过程中，我们参考了大量的文献资料和网络资料。在此，对原作者表示诚挚的谢意。由于编写时间仓促，编者水平有限，书中疏漏与不当之处在所难免，敬请广大读者批评指正。

编　者

目录 CONTENTS

第一章　走进创新创业时代

学习目标

1. 掌握创新、创意与创业的概念及关系；
2. 了解企业家的创新精神；
3. 了解“互联网＋”时代的发展历程；
4. 了解“互联网＋”的主要特征；
5. 了解大学生创新创业。

案例导学

宝利特集团：全国首家股份合作制企业的创业史

1978 年，中国进入改革开放元年，城镇集体经济和个体经济开始有了较快的发展。许多年轻人敏锐地感受到了改革春风的拂动和市场前沿的变化，并勇敢地投入到创业的第一波浪潮中。1982 年，浙江省温岭市泽国镇牧屿村陈华根、王华森等四位村民，筹资 9000 元，经温岭市工商行政管理局核准登记组建了温岭市牧屿牧南工艺美术厂，成为中国第一家股份制合作企业。

一开始企业还没找准市场定位，产品很杂，什么产品有市场就做什么。后来开始生产布鞋和港式凉鞋，到 1987 年，牧屿牧南工艺美术厂改名为温岭县第二鞋帽厂，才渐渐明确了发展方向。1994 年，公司迎来了重大的发展契机。买地、建厂房，正儿八经地从作坊式生产转变为工业化生产，同时，公司名字正式改为台州宝利特鞋业有限公司。

宝利特走的每一步，都在紧跟改革的步伐，顺应时代趋势做出正确的反应，而不是躲在自己的舒适圈。1995 年，宝利特响应政府发展外向型经济的号召开始尝试做外销；为了达到国外市场的要求，1999 年宝利特引进 ISO 9000 质量认证体系；2000 年，再次兴办工厂，从台湾引进管理团队，引进先进的冷粘鞋流水线；2002 年宝利特完成股份制改造，2007 年正式更名为宝利特集团股份有限公司，并沿用至今。

2006 年，对于宝利特来说是一个新的开始，这一年，宝利特开始尝试多元化经营，启动了光伏发电项目，成立了浙江宝利特新能源股份有限公司。公司主要从事晶体硅太阳电池、组件以及光伏发电系统的研发、生产和销售。宝利特重视技术研发和产品创新，自建厂以来公司坚持每年投入 1000 多万元、以不低于销售额的 3% 作为研发费用。通过多年努力，在技术创新、丰富组件产品系列、提高电池转换效率、降低成本方面取得了明显进展，目前共获得 50 项专利，其中拥有自有知识产权的第四代纯黑组件是全球首款获得 TUV 受理测试的产品，在欧盟、美澳高端市场占据领先地位。

到 2017 年年底，宝利特新能源的销售额已经超越了鞋业。如今宝利特集团已经拥有台州宝利特鞋业有限公司、浙江宝利特新能源股份有限公司、浙江宝利特进出口有限公司等 5 家全资和控股企业，成为集研发、制造、贸易、服务等功能于一体并涉及新能源、金融投资等多个领域的大型民营企业集团。

春江水暖鸭先知，宝利特的发展跟创业者的趋势思维和创新精神密不可分，陈华根的创业史就是连续响应时代趋势，追踪市场需求，不断创新的历史。对于国家和民族来说，创新意味着打破体制的束缚，激发社会的活力。对于创业者来说，则意味着敏锐感知时代脉搏的变化，摆脱传统思维的枷锁，挑战现有的问题解决框架，在动态不确定的环境中寻找商机。在知识经济的今天，科技日新月异，创业更要以创新为内核，以创新精神引领创业行为，这样才能打造永续的竞争力护城河。

浙江日报：2018-04-12 全国首家股份制企业 35 年屹立不倒其经历令人感慨

课堂思考：

创新和创业是什么关系？你认为创业者需不需要时刻思考创新问题，为什么？

第一节 创新时代

微视频 1-1 创新时代

创新是国家和民族发展进步的不竭动力。几十年来，正是不断的创新促进了我国经济的高质量发展。进入 21 世纪以来，全球科技革命和产业变革蓬勃兴起，全球科技创新步入密集活跃期。在全球创新版图中，我国的地位和作用正在发生新的变化。“十三五”期间，我国科技事业加速发展，科技实力跃上新的大台阶，科技创新主要指标稳步提高，全球创新指数排名从 2015 年第 29 位跃升至 2021 年第 12 位。

2021 年，我国进入第十四个五年规划时期。中国共产党十九届五中全会通过的《中共中央关于制定国民经济和社会发展第十四个五年规划和二〇三五年远景目标的建议》将创新放在了各类规划任务的首位，强调要坚持创新在我国现代化建设全局中的核心地位，把科技自立自强作为国家发展的战略支撑。

2022 年，党的二十大报告指出，要“坚持创新在我国现代化建设全局中的核心地位”“科技是第一生产力、人才是第一资源、创新是第一动力”。进一步明确了“实现高水平科技自强自立”的目标，提出了健全新型举国体制和打造全球竞争力的开放创新生态的战略举措。

一、关于创新

（一）创新的含义

什么是创新？经济学家约瑟夫·熊彼特在《经济发展理论》一书中首次将创新（Innovation）概念引入经济学，提出了以创新为核心的经济发展理论，创立了“创新经济学”。

熊彼特的创新理论包括五种情况：

（1）采用一种新产品或者某种产品的新特性；

（2）采用新的生产方法；

（3）开辟新的市场；

（4）开拓或控制原材料或半制成品的一种新的供应来源；

（5）实现新的组织形式。

1950年，德鲁克在熊彼特提出的经济创新概念基础上进行了补充完善，将创新引入了管理学的范畴，他提出了企业制度的创新，即创新就是赋予资源以新的创造财富能力的行为。

从学术角度来讲，创新是指以有别于常规思路的见解为导向，利用现有的知识和物质，在特定的环境中，本着理想化需要或为满足社会需求，而改进或创造新的事物、方法、元素、路径、环境，并能获得一定有益效果的行为。

具体来说，创新主要包括如下几种含义：

（1）创新的目的是解决实践问题，是一项活动。

（2）创新的本质是突破传统、打破常规。

（3）创新是一个相对的概念，其价值与时间、空间有关。同样的事物在今天看来是创新，明天可能是追随，后天大多数人都接受了，可能就是传统了。创新必须在一定范围内具有领先性，有的是世界领先，有的是地区领先。

（4）创新可以在解决技术问题、经济问题和社会问题的广泛范围内发挥作用，它是每个人都可以参与的事业。

（5）创新以取得的成效为评价尺度。有成效才能认为是创新，根据成效，创新可以分成若干等级：有的是模仿创新，在已有基础上改进和创新，比较容易实现，创新的成果也较小。有的是局部创新，在系统的某个领域或某个方面进行创新。还有颠覆性创新，对整个系统进行彻底的变革甚至创造一个新的领域。

（二）创新的种类

通常而言，企业经营中的创新可以分为产品创新、结构创新、流程创新、服务创新等多种不同形式。

产品创新，指改良或革新企业所提供的核心产品或服务的价值、特征和质量。这类创新表现在产生全新产品、更新现有产品以及延伸现有产品线。如果是服务型企业，企业要考虑如何改变服务的特色，提供超越竞争对手的服务质量或无与伦比的服务速度等。

结构创新，指以特有的方式组织企业资产（包括固定资产、人力资本和无形资产等）来创造价值。比如说亨利·福特在美国推出了全球第一条流水生产线，这是福特对于全球制造业的伟大贡献。流水生产线的问世简化了福特 T 型车的组装流程，将原来涉及 3000 个组装部件的工序简化为 84 道工序。新的生产工序为汽车的批量生产带来了革命性的进步，将每辆车的生产时间从原来的 12 小时缩短为仅仅 90 分钟。由于采用了高效的流水生产作业，汽车生产所需的时间、成本大幅下降，福特 T 型车的售价从 850 美元降低到 300 美元以下，从而让汽车成为广大消费者能负担得起的交通工具。

流程创新，指技术活动或生产活动中的操作程序、方式方法和规则体系的创新。在传统的职能分工模式下，企业的业务流程被人为割裂，分割成很多片段，每个部门只负责本部门相应的任务，无人对整个流程负责，容易产生推诿扯皮，流程整体绩效低下。加上时过境迁，需求变化、技术过时等原因，很多流程开始低效甚至拖后腿，因此必须进行流程创新。对现有的流程进行清理、简化、整合和自动化处理，从而获得更快的速度、更低的成本、更高的质量、更愉快的体验，就是流程创新。

服务创新，就是应用新思想和新技术提高现有的服务质量和服务效率，使用户感受到不同以往的服务内容，为用户创造新的价值。服务是用户体验中最显著的部分，用户虽然无法看到，却能切身感受到服务的品质。服务创新使产品的使用过程更加便捷，有助于提升产品的效用、性能和表现价值。常见的服务创新包括：产品使用培训、客户支持、提供质量担保保证等。

| 典型案例 |

肯德基：创新就是慢慢“变脸”

肯德基自 1987 年在北京开设第一家店之后，多年来已成为中国规模最大、发展最快的快餐连锁企业。这样神奇的发展速度与其在美国本土多年的停滞不前形成了鲜明的对比。有专家研究此现象后说：“为了不让崇拜它的消费者逃跑，肯德基在中国始终坚持本土化原则，以 1200 家店的成功实现了慢慢‘变脸’。”

坚持“本土化”的服务理念，让消费者得到物有所值且本土化的服务才是肯德基对他们最大的尊重；坚持本土化的健康观念，通过全国性的本土化活动，来倡导均衡营养、健康生活的理念，形成企业的文化主张；坚持本土化的产品更新，肯德基是把中国健康食品本土化开发问题当作首要问题来对待的。正是由于创新在肯德基公司已成为员工们时时刻刻思考的课题，所以才有了不离不弃的消费者。创新是什么？在中国，肯德基的理解就是从美国文化的束缚中解脱出来，“实现本土化”。现在，中国人喜欢外来品牌是要有一些条件作保障的，比如价格信誉、文化信誉、品质信誉。肯德基因此每天都通过对全国上千家店的业绩解读来掌握消费者对其服务的认知程度。

肯德基品牌就在这“变”中形成了自己独具的特色，也在这“变”的过程中带来了“不变”的消费者。

（资料来源：中国服务营销网）

二、“互联网＋”创新时代

2014 年 11 月，李克强出席首届世界互联网大会时指出，互联网是大众创业、万众创新的新工具。其中“大众创业、万众创新”正是此次大会的重要主题，被称作中国经济提质增效升级的“新引擎”。2015 年 3 月 5 日在十二届全国人大三次会议上，李克强在政府工作报告中首次提出“互联网＋”行动计划：“制订‘互联网＋’行动计划，推动移动互联网、云计算、大数据、物联网等与现代制造业结合，促进电子商务、工业互联网和互联网金融健康发展，引导互联网企业拓展国际市场。”

2015 年 3 月，在全国“两会”上，全国人大代表马化腾提交了《关于以“互联网＋”为驱动，推进我国经济社会创新发展的建议》的议案，阐述了其对经济社会的创新的建议和看法，即需要持续以“互联网＋”为驱动，鼓励产业创新、促进跨界融合、惠及社会民生，推动我国经济和社会的创新发展。而“互联网＋”，指的是利用信息通信技术以及互联网平台，把互联网与传统行业进行深度融合，创造新的发展生态。马化腾表示，“互联网＋”不会颠覆原有行业，而是鼓励产业创新、促进跨界融合，通过对原有行业的升级换代，释放出新的增长动力。

2015 年 7 月，国务院印发《关于积极推进“互联网＋”行动的指导意见》。2015 年 10 月 29 日，中国共产党第十八届中央委员会第五次全体会议指出：实施网络强国战略，实施“互联网＋”行动计划，发展分享经济，实施国家大数据战略。2015 年 7 月 4 日，国务院印发《关于积极推进“互联网＋”行动的指导意见》，这是推动互联网由消费领域向生产领域拓展，加速提升产业发展水平，增强各行业创新能力，构筑经济社会发展新优势和新动能的重要举措。

课堂思考：

请谈谈你对创新的认识及其给你带来的改变。

第二节
创意、创新与创业

微视频 1-2 创意、创新与创业

一、创意

创意，《现代汉语词典》的解释是“有创造性的想法、构思等”。简单地理解创意就是一种创造意识或者创新意识。创意以打破常规为基础，追求具有新颖性和创造性的想法，面对问题寻求不同寻常的解决方法。

在创意思考的过程中，经常用到两种重要的思维类型，即发散思维与收敛思维。发散思维又称放射思维、扩散思维或求异思维，是指大脑在思维时呈现一种扩散状态的思维模式。收敛思维又称集中思维、辐合思维和同一思维等，收敛思维向一个方向聚集，把广阔的思路聚集成一个焦点。在创意解决问题的早期，以某一问题为中心，从不同角度、不同方向、不同层次思考，发散思维起到更主要的作用，在创意解决问题后期，思维从不同方案、不同材料、不同层次聚焦得出正确答案，收敛思维越来越重要。

激发创意的思考工具有很多，由美国心理学家罗伯特·艾波尔（Robert F. Eberle）提出的奔驰法（SCAMPER），作为一种常见的创意思考工具，常用在改进现有产品、服务或商业模式中。

奔驰法包括 7 个切入点——Substitute（替代），Combine（合并），Adapt（调整），Magnify/Modify（修改），Put to other uses（其他用途），Eliminate（消除），Re-arrange（重排）。

S=Substitute（替代）——是否有取代原有功能或材质的新功能或新材质？

C=Combine（合并）——哪些功能可以和原有功能整合？如何整合与使用？

A=Adapt（调整）——原有材质、功能或外观，是否有微调的空间？

M=Magnify/Modify（修改）——原有材质、功能或外观，是否有微调或更大修改的空间？

P=Put to other uses（其他用途）——除了现有用途之外，能否有其他用途？

E=Eliminate（消除）——哪些功能可删除？哪些材质可减少？

R=Re-arrange（重排）——顺序能否重组？

二、创业

什么是创业？创业这个词古代就有。汉代张衡在《西京赋》中提道：“ 高祖创业，继体承基。”三国时期诸葛亮在《出师表》中写道：“先帝创业未半而中道崩殂。”创业在古人看来是开创功业和建功立业的意思。

在今天，创业已经演变为一门学科，不同的学者给出了不同的定义。全球创业研究和创业教育的开拓者杰弗里·蒂蒙斯认为，创业是一种思考、推理和行为方式，这种行为方式是机会驱动、注重方法和与领导相平衡。创业导致价值的产生、增加、实现和更新，不只是为所有者，也为所有参与者和利益相关者。当代管理大师彼得·德鲁克认为，任何敢于面对决策压力的人，都可能通过学习成为一个创业者并具有创业精神。创业是一种行为，而不是个人的性格特征。创业是一种可以组织，并且是需要组织的系统性的工作。

从创办企业的角度，创业至少有两层含义：一层含义是活动，指创业者为孕育和创建新企业而采取的行动。另一层含义是企业家精神，指创业者在创业过程中表现出的艰苦奋斗、自力更生、勇敢果断、目光长远、坚忍执著等优秀品质。

三、创新、创意和创业的关系

总的来说，创意是一种创造意识或者创新意识。创新是以新思维、新发明为特征的概念化过程，是一种行为。创业本质上是人对资源的整合并从中创造更大的价值的过程。

这三者的关系就是著名经济学家厉以宁说的“创意驱动创新，创新带动创业”，创新是创业的重要手段，创业者只有通过创新，才能保证其创立的企业生存、发展壮大乃至保持持久和旺盛的生命力。创业过程中，新产品的开发，新材料的采用，新市场的开拓，新管理模式的推行等，都必须有创新的思维作先导，最后，创业才能成功。没有创新思维，就无法开创新的事业；没有创业实践，创新意识就无法转化为新的产品，创新就失去了意义。创新不是蛮干，是巧干；不是凭空想象而是源于对知识的掌握，对现实的了解，对事物客观规律的准确把握。从价值创造角度看，创业者应更加倡导创业导向的创新。

四、创业和大学生职业生涯规划

（一）如何理解创业与职业发展的关系

从范围上讲，创业的概念有狭义和广义之分。

狭义的创业是指创建一个企业的过程。创建一个企业一般需要符合几个方面的条件：企业的创办必须符合法定的程序；企业能够提供满足市场需求的产品和服务；新创企业需要确定适合产品或服务的营销模式；新创企业需要创业团队，并能根据企业发展的需要进行有效的管理，包括技术管理、财务管理、营销管理、人力资源管理等。

广义的创业是指创造新的事业的过程。换言之，所有创造新事业的过程都是创业。无论是创建企业、企业内部创业，还是在工作岗位上创造性地发挥自己的聪明才智，通过发现机会、整合资源实现自己的价值和抱负，都可以称为创业。所以从广义的角度去理解，创业主体既包括营利性组织，也包括非营利性组织；既包括政府设置的部门和机构，也包括非政府组织；既包括大型的机构或组织，也包括个人或家庭。

所以只要是人们以前没有做过的，并且对社会产生积极影响的事业，都可以认为是创业，它可以延伸到政治、经济、军事、文化、科学、教育等各个方面。袁隆平是杂交水稻研究领域的开创者和带头人，被誉为“世界杂交水稻之父”。袁隆平的研究成果不但在很大程度上解决了中国人的吃饭问题，而且也被认为是解决世界性饥饿问题的法宝。国际上甚至有人认为，袁隆平的发明是继中国四大发明之后的第五大发明。他的事业就是一次伟大的创业。

即使一个人并不打算去实践狭义的创业，但拥有创业者所具备的素质也一样可以在未来的职业生涯中受益良多，实现广义的创业。袁隆平作为一名农业科学家，他所开创的事业是波澜壮阔的。从他的敢为天下先、执著不懈、责任担当等“创业精神”中，我们可以领悟到“创业”与“职业发展”二者间的密切关系。

（二）创业人才的素质要求

所谓创业人才就是具有创新精神和创新能力的人才，通常表现出灵活、开放、好奇的个性，具有精力充沛、坚持不懈、注意力集中、想象力丰富，以及富于冒险精神等特征。知识经济时代对创业人才应具有以下几点素质要求：

（1）眼光敏锐，善于发现机会和把握机会；

（2）具有冒险精神，敢做前人没有做过的事情；

（3）经得起挫折，具有摆脱困难和超越困难的能力；

（4）具有政策观念、法律意识和社会责任感；

（5）掌握了较好的专业知识并具有自我学习的能力；

（6）具有团结合作的精神和化解矛盾的能力；

（7）具有市场意识和知识转化的能力；

（8）具有审时度势、知己知彼的能力；

（9）具有健康的体魄和良好的心态。

（三）创业能力对个人职业生涯发展的意义和作用

1. 职业生涯规划

职业生涯规划是指在对自己的职业生涯的主客观条件进行测定、分析、总结研究的基础上，结合时代特点，根据自己的职业倾向，确定最佳的职业奋斗目标，并为实现这一目标做出行之有效的安排。换句话说，职业生涯规划要求学生根据自身的兴趣和优势，将自己定位在一个最能发挥自己长处的位置，选择最适合自己能力的职业。职业定位是决定职业生涯成败的关键一步，同时也是职业生涯规划的起点。

2. 创业能力与职业生涯发展

创业蕴含一种不满足于现状、敢于创新并承担风险的精神，需要在考虑资源约束的情况下把握机会创造价值。创业本质上可以理解为是一个人根据自己的性格、兴趣、专业、能力等选择适合自己的事业，并把握机会，为这个事业整合资源、付诸努力最终实现自己人生目标的过程。因此，创业能力包括捕捉机会、整合资源的意识，以及领导、沟通等能力，这一点具有普遍性与适应性。无论你从事什么样的行业或职业，创业能力都将在职业生涯中发挥积极作用。

| 典型案例 |

知文融成：传统文化的创新传播

台州学院的大学生创业团队知文融成，积极响应习总书记“要更好推动中华文化走出去，以文载道、以文传声、以文化人，向世界阐释推介更多具有中国特色、体现中国精神、蕴藏中国智慧的优秀文化”的号召。以“继承优秀传统文化，推动中外文化交流”为宗旨，从向人们传递节气知识和弘扬节气中蕴含的人生哲理、节气与中医的融合养生理念切入，创新性融合 IP（知识产权）打造、数字化营销、文旅产品设计等理念，打造了留学咨询和节气养生两大主营业务模块，兼顾小语种推广、节气科普视频制作、旅游线路设计、文创产品制作等业务形式。

创业团队运用“互联网+”思维，融实践性、创新性与应用性于一体，打造“知文融成”品牌，开发了节气系列视频、知文课程、知文讲堂、知文足迹等多个特色板块。从开拓留学咨询，到完善节气养生视频数据库，文创产品正式落地生产已达10余款，其中知文融成系列以其可爱的外观设计，便携性以及合理的价格区间，获得大量青少年的喜爱。产品一经推出，便在学校创业集市、校外文创集市火爆销售，在台州学院创业学院大力支持下，团队开始抖音运营，抖音平台直播场次达10余场，爆款产品已打通市场。现正式与成熟品牌达成协议，建立联名品牌，实现了多渠道销售。

第三节 企业家精神

微视频 1-3　企业家精神

一、企业家精神

企业家的概念最早出现在18世纪30年代，企业家被认为能把经济资源的效率从低提到高，实际上企业家是让有限的资源创造出更高、更大的附加价值的一群人。从“企业家精神”这个术语的内涵上分析，“精神”首先是一种思想形式，是一种驱动智慧运思的意识形态，但“精神”不仅仅是表明个人意识状况或过程的心理的、主观的概念，“精神”似乎应该是对意识的一种价值抽象。企业家精神也是表明企业家这个特殊群体所具有的共同特征，是他们所具有的独特的个人素质、价值取向以及思维模式的抽象表达，人们日常也把它看作企业家内在的经营意识、理念、胆魄和魅力。

企业家精神以创新为内核，企业家精神即企业家在创业过程中的开创性思想、突破性创新等精神风貌与特质。台州大陈岛建设者留给世人的“艰苦创业、奋发图强、无私奉献、开拓创新”的垦荒精神就是这种精神的完美诠释。从1955年开始，在大陈岛垦荒人的建设下，昔日那个荒草披野、地雷散布、废墟处处、台风肆虐的无人岛，到21世纪初已是田畴似锦、楼高路阔的“东海明珠”。而传承至今的垦荒精神，也是以爱国主义为核心的民族精神、以改革创新为核心的时代精神在台州民营企业家创业过程中的生动体现。这种特有的城市精神，代表着台州民营企业家乃至台州人民的共同价值认同，也构成了台州地方文化底蕴的重要组成部分。直到今天，它一直激励着台州新一代创业者不断拼搏，敢于创新，一路奋发向上。

拓展阅读

心心快餐：台州人的中式快餐

张其元和戴婕婆夫妇在1956年响应团中央号召，从温州来到大陈岛，成为大陈岛的垦荒队员。年轻人更熟悉两人的另一个身份——台州知名连锁快餐企业“心心快餐”的创始人。在20世纪90年代，两人下海经商创立了中式快餐品牌“心心快餐”，目前已拥有10家分店，他们始终铭记“艰苦创业、奋发图强、无私奉献、开拓创新”的垦荒精神，从1990年到2020年，30年里两代人的匠心传承，让心心快餐成为台州具有影响力的中式快餐连锁品牌。

改革开放以来浙江经济持续高速增长，本质上来源于这种不断创新的企业家精神，或者说，浙江自改革开放以来源源不断地涌现出的一代又一代企业家，从国有经济的滕增寿、傅国通、冯根生，到集体经济的鲁冠球、宗庆后，再到私有经济的马云、李书福、南存辉、徐文荣等，多年来为世人所瞩目。正如前面所引证的学者们所指出的那样，他们具有卓越的判断力，不屈不挠的毅力，勇往直前的闯劲，他们不安于现状，不陶醉于已经取得的成就。这些企业家的存在正是浙江经济腾飞最为重要的因素。将“浙江精神”提炼概括为“求真务实、诚信和谐、开放图强”十二字，是实践科学发展的新取向、新状态。

拓展阅读

浙江精神

改革开放以来，浙江经济社会建设取得了迅猛发展，经济总量和综合实力热速上升，经济社会结构发生了深刻变化，社会事业全面进步，发展的协调性逐渐增强。

2000年7月，浙江省委十届四次全体（扩大）会议在大力实施调研的基础上对“浙江精神”进行了高度概括，形成了“自强不息、坚忍不拔、勇于创新、讲求实效”十六字的表述。其主要内容分为四个方面：①自强不息。浙江人多地少，“七山一水二分田”，自然资源匮乏，工业基础薄弱。但勤劳的浙江人不愿接受“命运”的摆布，也没有消极依赖国家的援助，而是走出了一条自主创业的发展之路，“你经营，我办厂”，这种不低头、不弯腰、自强不息的精神为浙江创造出了起步的第一桶金。②坚忍不拔。浙江人以肯吃苦著称，在创业的历程中，他们历经千辛万苦，但从不气馁，在一个地方遭遇挫折，就换一个地方接着干，一种办法行不通，就再想别的出路。③勇于创新。浙江人富有创新精神。他们信奉市场经济规律，敢于做新时代的弄潮儿，不断突破体制障碍，创新思想观念，做改革开放的先锋，这种创新精神使浙江人闯出了一系列特色发展之路，如“温州模式”“台州模式”“义乌模式”等。④讲求实效。务实是浙江人在发展中坚持的一项重要原则。在浙江，只要是符合本地实际、能带来实效的发展路子，无论外界有什么议论浙江人都不争论、不辩解，而是靠事实说话，这种务实的态度构成了浙江前进的重要推动力，保证了浙江经济社会的持续发展。可以说，“自强不息、坚忍不拔、勇于创新、讲求实效”的浙江精神，是二十世纪八九十年代浙江人民精神面貌的生动体现，是浙江经济发展的真实写照和浙江经验的高度概括。

2006 年，时任浙江省委书记习近平指出，浙江精神作为中华民族精神的重要组成部分，是以爱国主义精神作为核心的民族精神、以改革创新为核心的时代精神在浙江的生动体现，是浙江人民在千百年来的奋斗发展中，孕育出来的宝贵财富。他将需要“与时俱进地培育和弘扬”的“浙江精神”概括为“求真务实、诚信和谐、开放图强”十二字。“十二字”浙江精神是以“十六字”浙江精神为基础的再度升华，是实践科学发展的新取向、新状态。

浙江精神是浙江发展的动力，也是浙江地域文化个性和特色的表达。浙江精神是浙江的“根”和“魂”，是推动浙江发展进步的“精神支柱”，蕴含着浙江人民追求美好生活、建设美好家园的初心愿望。浙江精神就是浙江发展的动力，是充满地域文化个性与特色的价值取向。

（资料来源：段治文：《浙江精神与浙江发展》，6—27 页，杭州，浙江大学出版社，2020）

二、新时代企业家精神

（一）新时代企业家精神重塑的关键是社会责任感

新时代企业家精神重塑的关键是社会责任感。企业家是一个光荣的称号。对于企业家来说，承担社会责任与组织企业从事营利活动，二者并不矛盾。真正的企业家不仅具有冒险和创新精神，更重要的是要具有社会责任感，这样的企业家一定重视企业社会责任建设，一定是依法经营者，一定重视环境资源保护，一定尊重和公正对待企业的利益相关者。

网络时代让信息的发布和接收都更加迅速，一个没有社会责任感的企业很难树立起良好的企业形象，这对企业的发展、甚至存亡都可能产生巨大的影响。所以，新时代企业家精神重塑的关键是社会责任感，这直接关系市场的稳定，社会的安定。一个对社会没有责任感的企业，我们很难想象它为社会提供的服务是有益的。

企业家精神是具有时代性的，时代赋予企业家精神不同的内涵，新时代更引人注目的就是企业家精神中内含的社会责任感，而并非企业家谋取财富的能力。真正的企业家不仅仅具有冒险和创新精神，还具有更高的境界、更高的追求、更高的市场伦理自觉与社会责任精神，这才是新时代的企业家精神。

（二）积极履行新时代企业家的社会责任

习近平总书记在企业家座谈会上指出："社会是企业家施展才华的舞台。只有真诚回报社会、切实履行社会责任的企业家，才能真正得到社会认可，才是符合时代要求的企业家。"这一论述深刻地揭示了新时代企业家与经济社会发展之间的紧密关系。企业家作为企业的领导者，是社会的精英群体，必须处理好个人与社会的关系。只有具备强烈的责任感与使命感，以助力社会发展为己任，超越传统的经济利益最大化的思维，将个人利益、企业经营融入社会的整体利益之中，才能得到社会各方的信任与尊敬，才能实现更大的发展。

企业是现代经济的细胞，企业家肩负着领导企业在激烈的市场竞争中创新成长、健康发展的重任，是企业的灵魂与核心。一大批践行企业家精神的优秀企业家及其领导下的具有国际竞争力的企业，是我国经济持续发展、人民生活不断改善、全球影响力日益扩大的核心支撑与关键力量，是实现中华民族伟大复兴的重要基础。从各级政府到社会公众，都对企业家更好地发挥作用、创造更大的经济社会价值抱有期望与要求。明确自身的社会角色与定位，对社会的期望和要求积极回应，培育有强大正能量的企业文化，坚持依法合规经营、互利合作，带领企业取得良好的经营业绩，为我国乃至全球经济社会的可持续发展作出更大的贡献，是新时代赋予中国企业家的历史重任，也是企业家社会责任的核心内涵。

| 拓展阅读 |

全面持续推进企业家履行社会责任

当前，我国企业家履行社会责任的实践主要有以下几类：热心参与社会公益事业，尤其以民营企业家为多，参与的公益领域非常广泛，从扶贫、助学到支持大学生创业等；致力于绿色创新发展，领导企业开发节能环保新技术与新产品，积极应对全球气候变化；通过创新商业模式帮助产业链上下游更多的企业成长；关爱企业员工发展及其家庭和睦，营造公平合理的员工成长环境；围绕制约社会发展的瓶颈领域开展技术创新，积极促进社会问题的解决等。这些负责任的实践行动不仅回应了社会对企业家的殷切期望，也带动了企业的发展，弘扬了企业家精神，为社会树立了正面的典型形象。但是，一些企业家热心社会公益，而其领导的企业却存在严重的环境污染、产品质量等负面问题；有的企业家要求员工高强度工作，但工资待遇却不能与之匹配；有的企业家商业诚信问题突出，其承诺和实际的产品与服务相距甚远等。

概括起来，这些问题产生的原因主要是部分企业家对其社会责任的要求与内涵不清楚、不了解；有些企业家对社会责任的认识片面，在履行社会责任时侧重少数领域，而对其他领域的社会责任认识不到位；政府和社会对企业家履行社会责任缺乏指导，没有形成激励监督企业家全面履行社会责任的良好社会氛围。

当前，我国经济社会发展面临非常严峻的挑战，需要全国上下同心协力、共渡难关，企业家在其中有着不可替代的重要作用。要全面持续推进企业家履行社会责任，需要做好三个方面的工作。一是加大企业家社会责任宣传普及的工作力度，帮助更多的企业家认识了解其社会责任的内容与要求，形成自觉履责的思想理念。二是形成促进企业家履行社会责任的社会化、市场化的激励约束机制，让积极履责的企业家得到广泛的尊重与回报，让不负责任的企业家受到应有的惩罚。三是深入推进企业家社会责任相关问题的研究与探索，为企业家在复杂多变的国内外经济社会环境下明确发展方向、清晰履责重点提供切实有效的方法指导与支持。

（资料来源：《光明日报》，2020-10-10）

（三）大学生创新创业能力与企业家精神的培养

如今国家陆续出台对于个体创业尤其大学生创业的利好政策，高校大学生毕业后，如雨后春笋涌现在市场经济的各个行业进行创业，由于大部分大学生缺乏必要的资源（资金、技术和人脉等），在创业过程中异常艰辛，若没有创业者所需具备的创业精神，很容易遇到困难后就后退或放弃。创业精神并非创业成功者天生拥有，可以通过社会实践或教育等习得。

1. 培育创新人格

个性特征对创业者个体来说较为重要，特别是创业者的独立性、果敢性和坚持性等。个性的塑造与创业精神培养相辅相成。高校大学生应该有目标地梳理健康的心理意识、提升心理素质、提高适应环境的能力和坚忍不屈的抗压能力等。另外，大学生还可以通过专业的性格测评平台深入剖析个体潜在的性格特征，进而有针对性地去进行心理训练，实现创业精神和人格健全的双统一。

2. 培养创新能力

创新是创新精神的核心要素。大学生在学习期间以及毕业后都要保持个性向上发展的好奇心、求知欲，敢于突破局限和束缚，自觉培养科学的求知精神，提升创新思维，增强创新能力。

3. 加强创业实践

实践是检验真理的唯一标准。大学生在学校期间对知识的理解和建构多半仅仅是通过对书本的学习，而较缺乏对知识的实践。大学生要有目标、有针对性地进行创业大赛或模拟沙盘等实践活动，以便在社会实践中认知创业和创新。

本章小结

本章主要内容包括创新的含义、领域及种类，“互联网＋”创新时代的发展历程及特征；创新、创意与创业的概念及关系，创业和大学生职业生涯规划；企业家精神内涵，大学生创新创业能力与企业家精神的培养。大学生需要结合对本章的学习，牢牢把握“互联网＋”大的时代背景，有针对性地提升创新创业能力和培养企业家创新精神，更好地实现自己的人生价值。

思考与练习

1. 以小组为单位，收集国务院出台的关于创新创业的相关文件与政策，并结合个人或团队项目需求，摘选部分进行政策分析。

2. 列举3个互联网时代给你的日常生活带来的改变的案例。

3. 浙江精神与自强不息的精神有着怎样的关系？

4. 思考企业家精神如何促进大学生成长成才？

教学活动

创业思维测试答案

活动1　创业思维测试

请通过下列问题对自己是否具备创业思维进行测评。

1. 姓名：

2. 你父母或兄弟姐妹有过创业的经历吗？

是：(　　)　　　　否：(　　)

3. 在学校时你学校成绩名列前茅吗？

是：(　　)　　　　否：(　　)

4. 你是否喜欢参加群体活动，如俱乐部的活动或集体运动项目？

是：(　　)　　　　否：(　　)

5. 少年时代，你是否更愿意一个人待着，不太喜欢和朋友一起玩？

是：(　　)　　　　否：(　　)

6. 你是否参加过学校工作人员的竞选或是自己做生意，如卖柠檬水，办家庭报纸或者出售贺卡？

是：(　　)　　　　　　否：(　　)

7. 你的个性是否很倔强，不轻易改变？

是：(　　)　　　　　　否：(　　)

8. 你做事情很谨慎吗？

是：(　　)　　　　　　否：(　　)

9. 你小时候是否有过比较冒险或者挑战，并记忆深刻的事？

是：(　　)　　　　　　否：(　　)

10. 你的行为受别人的意见影响大吗？

是：(　　)　　　　　　否：(　　)

11. 改变固定的日常生活模式是否是你开创自己的生意的一个动机？

是：(　　)　　　　　　否：(　　)

12. 也许你很喜欢工作，但是你是否愿意晚上也工作？

是：(　　)　　　　　　否：(　　)

13. 你是否愿意随工作要求而延长工作时间，可以为完成一项工作而只睡一会儿，甚至根本不睡？

是：(　　)　　　　　　否：(　　)

14. 在你成功完成一项工作之后，你是否会马上开始另一项工作？

是：(　　)　　　　　　否：(　　)

15. 你是否愿意用你的积蓄开创自己的生意？

是：(　　)　　　　　　否：(　　)

16. 你是否愿意把自己喜欢的书或者珍惜的东西与他人分享？

是：(　　)　　　　　　否：(　　)

17. 如果你的生意失败了，你是否会立即开始另一个？

是：(　　)　　　　　　否：(　　)

18.（接上题）如果你的生意失败了，你是否会立即开始找一个有固定工资的工作解决生计问题呢？

是：(　　)　　　　　　否：(　　)

19. 你是否认为作一个企业家很有风险，时刻面临失败和倒闭？

是：(　　)　　　　　　否：(　　)

20. 你是否规划好了自己长期和短期的目标？

是：(　　)　　　　　　否：(　　)

21. 你是否认为自己能够以非常职业的态度对待经手的现金？

是：(　　)　　　　　　　否：(　　)

22. 你是否很容易烦？

是：(　　)　　　　　　　否：(　　)

23. 你是否很乐观？

是：(　　)　　　　　　　否：(　　)

活动 2　画桥游戏

活动目的：

通过画一座精确的桥（预测性方法）和画出能够过河的解决方案（创造性方法），帮助学生理解创业思维中预测性方法和创造性方法之间的差异。

活动道具：

教师先选择一幅画，画中有一座跨过河流的桥。准备两份材料进行分发，第一份材料只打印有桥的半幅画，剩余部分留白；第二份材料打印只有河流的半幅画，剩余部分留白。为全班复印足够的材料，使一半同学拿到第一份材料，另一半同学拿到第二份材料。

活动过程：

将全班学生按照人数分为两部分，将两份材料分别发给这两部分学生。让拿到第一份材料的学生，用几分钟时间再画一座桥，尽可能画出桥的大部分特征。让拿到第二份材料的学生用几分钟时间画出一种过河的方法。

针对画桥的学生提问：

1. 你看到了什么？是如何起笔作画的？
2. 你是否遵循了某种已有的方案？
3. 你画的桥的材料、架构和功能是什么？
4. 你觉得这个任务是清晰的还是模糊的？
5. 有一个模型可供参考，是否更有帮助？
6. 你知道画到哪里就可以结束了吗？

针对画过河方法学生的提问：

1. 你看到了什么？是如何起笔作画的？
2. 你想到了你对桥的一些认识和了解吗？
3. 你画的桥的材料、结构和功能是什么？
4. 你觉得这个任务是清晰的还是模糊的？
5. 你做出了什么假设？你是否做过多次尝试？
6. 当你开始画时，你知道你想要的桥最终是什么样子吗？

第二章　创业者与创业团队

学习目标

1. 了解创业者的基本含义；
2. 掌握创业者应具备的基础素质和能力；
3. 了解优秀创业者所需具备的心理素质；
4. 了解创业团队的作用与类型；
5. 熟悉组建优秀创业团队的要点和创业团队管理。

案例导学

李书福——请给我一次失败的机会!

在中国汽车界，李书福是一个独特的存在。李书福之独特，在于他白手起家，以持续创业者的无畏和理想主义者的执著，义无反顾地扛起自主创新的大旗，用超前的眼光不断整合全球资源，把最初在人们眼中并不看好的吉利，打造成旗下拥有吉利汽车、沃尔沃汽车、吉利新能源商用车、吉利集团（新业务）、铭泰集团5大子集团，在全球范围内管理吉利、领克、宝腾、路特斯、沃尔沃、远程商用车等多个汽车品牌，聚焦于未来大交通格局的全球创新型科技企业集团。

李书福的家乡在浙江台州，少年时代的李书福就不是一个安分的读书郎，高中毕业时，靠向父亲借的120元，李书福买了个照相机，踏上创业之路。他先后开过照相馆、生产过冰箱、卖过装潢材料、生产过摩托车，而且干一行成一行。到1996年，吉利摩托车产销量已达20万辆，畅销30多个国家和地区。

1996年，李书福以扩大摩托车产能的名义征下临海市城东的800亩沼泽地，当第二年建起厂房，他对外宣布投资5亿元进军汽车业时，引来的却是质疑与嘲笑。造汽车与造摩托车的难度不可同日而语。除了一腔热情，李书福可以说几乎什么也没有。

困难并没有阻止李书福的脚步。缺少技术，从拆车、模仿起步，自己摸索加上四处求教；资金不足，发扬“花小钱办大事、不花钱也办事”的艰苦奋斗作风；没有人才，自办吉利学院培养人才；没有“准生证”，千方百计“借壳”造车。

1999年12月，时任国家计委主任曾培炎在浙江台州调研，李书福当面请命：“请允许民营企业大胆尝试，允许民营企业家做轿车梦。”讲到激动处，李书福干脆来了句“荡气回肠”的话：“如果失败的话，请给我一次失败的机会！”

经过无数次奋争与等待，2001年原国家经贸委增发了一批汽车新车生产许可证，吉利汽车榜上有名。这意味着在国家批准第一批轿车合资企业26年之后，吉利成为中国首家获得轿车生产资质的民营企业。

2010年吉利开始了海外并购之路，先是收购沃尔沃汽车，这是当时中国汽车企业最大的海外并购。吉利通过收购沃尔沃100%的股权得到了非常宝贵的资产，包括沃尔沃商标的全球所有权和使用权、10个可持续发展的产品及产品平台、4个整车厂、1家发动机公司、3家零部件公司、3800名研发人才的研发体系、分布于100多个国家的2000多个销售网点、服务体系及1万多项专利和专用知识产权等。吉利收购沃尔沃代表着中国汽车产业跨越式的发展，意味着中国汽车开始真正融入全球价值链，迈向中高端。

2017 年，吉利成功收购马来西亚宝腾汽车 49.9%的股份以及英国豪华跑车品牌路特斯 51%的股份。李书福表示，在“一带一路”倡议和“走出去”战略的支持和指引下，吉利在国际化的过程中越来越成熟，逐渐从以资金换技术，开始升级到向外输出技术和管理，向世界展示“一个全新的吉利”。

弄潮儿向涛头立，手把红旗旗不湿。创业是一个漫长的历程，会经历许多的挫折和挑战。我们要以怎样的心态去面对困难，又以什么样的策略艰难中前行，李书福为后来的创业者进行了完美的诠释，展现了一个成功创业者的必备心理特质。强大的成就需要，驱动他连续创业，不断追寻更大的人生价值；高自我效能感，即使面对完全陌生的领域，他也不会犹豫止步；内控型人格，相信成事在我，困难再多，竞争对手再强，也可以从容化解。

课堂思考：

你认为那些帮助创业者成功的心理特质是不是天生的？如果不是，我们该怎样去培养它？

第一节 创业者

微视频 2-1 创业者

一、创业者界定

创业者一词由法国经济学家坎蒂隆（Cantillon）于 1755 年首次引入经济学。1800 年，法国经济学家萨伊（Say）首次给出了创业者的定义，他将创业者描述为将经济资源从生产率较低的区域转移到生产率较高区域的人，并认为创业者是经济活动过程中的代理人。著名经济学家熊彼特（1934）则认为创业者应为创新者，于是，创业者概念中又加了一条，即具有发现和引入新的更好的能赚钱的产品、服务和过程的能力。

随着时代的发展，创业者的内涵也在不断变化，香港创业学院院长张世平认为：创业者（entrepreneur）是一种主导劳动方式的领导人，是一种无中生有的创业现象，是一种需要具有使命、荣誉、责任能力的人，是一种组织、运用服务、技术、器物作业的人，是一种具有思考、推理、判断的人，是一种能使人追随并在追随的过程中获得利益的人，是一种具有完全权利能力和行为能力的人。

综上所述，创业者是指某个人发现某种信息、资源、机会或掌握某种技术，利用或借用相应的平台或载体，将其发现的信息、资源、机会或掌握的技术，以一定的方式，转化、创造成更多的财富、价值，并实现某种追求或目标的过程的人。

二、创业基因

（一）职业精神

1. 专业能力

专业能力指在某领域有丰富的积累和深度的实践。

（1）个人视角。创业者把专业能力视作职业发展的基础，成为专业化人才。

（2）企业视角。企业提供专业化的产品或服务，创业者以工匠精神持续优化产品和服务。

2. 执行力

按时、按量、按质去完成目标任务。执行力就是竞争力，在互联网发达、信息传递速度倍增的时代，你的速度必须比人快一步。

执行力体现在个人执行力和团队执行力两方面。

（1）个人执行力。即一个人获取结果的行动能力，也是创业者必备的能力。商场如战场，商机稍纵即逝，创业者必须严格要求自己，并督促团队。

（2）团队执行力。即在上级下达指令后，迅速做出反应，将其贯彻或者执行下去的能力。创业者要善于寻找执行力强的伙伴。

高执行力者应该具有自动自发、为人诚信、敢于负责、有团队精神、人际关系好、对工作投入、求胜欲望强等特性。

3. 责任感

责任感来源于创业动机，创业者的动机应该超越急功近利的狭隘意识，优先满足市场需求，主动创造价值，增添生活的意义。

（二）创业精神

创业精神是指创业者在创业过程中具有开创性的思想、观念、个性、意志、作风和品质等行为特征的高度凝练。其外延表现为勇于创新、敢当风险、团结合作、坚持不懈等品质，包含激情、积极性、适应性、领导力和雄心壮志等要素。

1. 创业精神的本质

（1）创新是创业精神的灵魂。创业活动中的创新包括产品创新、技术创新、市场创新、管理创新、组织形式创新等。创业者只有具备创新精神，才可能创建一个新颖独特的企业，并保持企业的可持续发展。

（2）冒险是创业精神的天性。创业者需要具有冒险精神和承担风险的魄力，无数创业者的经历证明，创业是在诸多不确定性因素条件下敢为人先、勇于创新的实践。

（3）合作是创业精神的精华。真正的创业者善于合作，能将合作精神扩展到企业的每个员工，面临困境时，能够团结团队成员一起奋斗。

（4）执著是创业精神的本色。面对创业过程各种艰辛和曲折，创业者需要有坚忍不拔、坚持不懈的毅力。只有坚持不懈的努力，才能在创业中求得生存。

2. 创业精神三大主题

（1）对机会的追求。创业者能识别和把握环境的趋势和变化，特别是容易被人们忽视的趋势和变化，善于捕捉商业机会。

（2）对创新的追求。它包含了变革、革新、转换和引入新方法。

（3）对增长的追求。由于不满足停留在小规模或现有的规模之上，创业者在不断寻找新趋势和机会，不断地创新，不断地推出新产品和新的经营方式。

3. 创业精神的来源

创业精神的形成与发展受到文化环境、产业环境、生存环境等影响。

（1）文化环境。创业者离不开成长与发展的文化环境。商业文化的熏陶，有助于培养创业者的创业精神。

（2）产业环境。垄断行业主导的市场由于缺乏竞争，容易抑制创业精神。在完全竞争的市场结构中，企业间竞争激烈、优胜劣汰，容易激发创业精神。

（3）生存环境。俗话说，穷则思变。资源贫瘠、条件恶劣的区域，往往能够激发人的斗志。比如，浙江台州是我国民营经济发源地之一。这里土地资源稀缺，人均耕地 0.6 亩，不到全国平均水平的 1/3。为了改善生存状况，台州人民有着更强烈的创业精神。

4. 创业精神的培养

创业精神可以通过宣扬创业文化、强化创业实践、树立创业榜样等来培养。

（1）宣扬创业文化。在校园文化中植入创业文化，对学生具有陶冶、激励与导向功能。在校园文化活动组织中，将创业精神融入学科活动、科技活动等活动中，以培养学生的创业精神。

（2）强化创业实践。创业模拟、企业家互动等社会实践活动，能有效促进校园创业与社会创业融合，提升学生认知问题、解决问题的能力。

（3）树立创业榜样。榜样的力量是无穷的，他人的创业实践和成就是一笔宝贵的财富。通过创业成功案例的教学以及“请进来、走出去”的方式，让大学生们耳濡目染，从而学习创业者的成功经验。

三、创业者的类型

按照创业者创业目标的轻重缓急，将创业者分为以下四种类型，如图 2-1 所示。

（1）现实型创业者。此类创业者往往选择“紧急＋重要”的有效问题入手。“紧急”意味着用户需求的紧迫性，“重要”意味着用户需求的价值性。由于这些创业机会容易被其他创业者认识，创业者很快会进入竞争激烈的红海市场。因此，此类创业活动要求创业者行动力和执行力高，速战速决，迅速获得商业回报。

（2）投机型创业者。此类创业者往往选择“紧急＋不重要”的投机问题入手。用户需要什么，就提供什么，能够在短期内获得商业回报。但是，此种创业行为并不能形成持久的商业模式，也不能形成企业聚焦的产品和领域。比如，疫情期间或雾霾天气持续时期销售口罩。

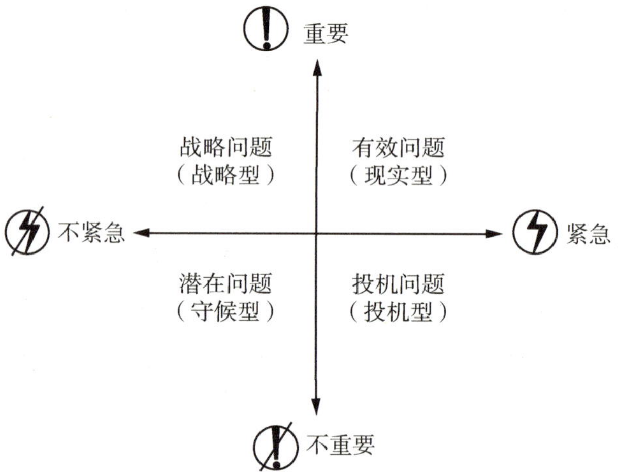

图 2-1　问题类型与创业者

（3）战略型创业者。选择“重要＋不紧急”的战略问题入手。该创业活动需提前关注用户需求，等待机会，从而形成良好的竞争力和门槛。但创业者前期需投入大量资源，耐心培育市场。关注此类问题的人，往往会进入一个蓝海市场，成为行业的领导者。比如，居家养老“呼吸＋心跳”检测仪，实时监测“心跳、呼吸骤停”风险。

（4）守候型创业者。此类创业者通常选择“不重要＋不紧急”的潜在问题入手。客户一直等待和观望，即使创业者投入很多的时间和精力，去教育和激发客户，却往往难以成功。

四、创业者特质和能力

（一）创业者特质

创业者特质体现在其心理、行为及知识三方面：

（1）心理方面。创业者需要有高成就动机、内控、自信、敏感好奇、勇担风险的心理素质。

（2）行为方面。创业者要具有勤学好问、执著、灵活应变、吃苦耐劳、脚踏实地的行为品质。

（3）知识方面。创业者需要有坚实的基础知识、广博的专业知识。

| 典型案例 |

创业者的能力

一、创业者的基础能力

陈铭浩是一家工厂的管理者。有一天，市场营销部门的罗总过来找他，火急火燎地说：“陈总啊，企业里一切都是成本，只有销售才能产生利润，我们的产品其实真的很好，我们经过大量的对比发现，我们产品不论是质量、外观、还是功能，都遥遥领先于同行，可为什么就卖不出去呢？原因很简单，因为我们不舍得花钱打广告，陈总，你千万别以为好酒不怕巷子深，那是以前的观念了，现在好的产品更需要懂得吆喝！ 你要知道，广告一响，黄金万两啊陈总，多花点钱打广告吧！”

市场营销部罗总说得有道理吗？好像有道理。

可是过了一会，人力资源部门的薛总过来找他了：“陈总，你可千万别听营销部门的人胡说八道，他们无非就希望公司多给他们部门发钱，你看看那帮人，你看看那些脓包，吃啥啥不剩，干啥啥不行，你给他们再多钱也是糟蹋，一家企业最重要的是什么？是人才啊！ 你要舍得花大价钱去聘请一些高素质的人才，只有人才，才是我们企业生存和发展的根本！”

人力资源部薛总说得有道理吗？似乎也有道理。

没多久，财务部门的王总过来了，一脸严肃地说：“陈总，你看看我们的账本，你看看那些红色的字体，我们已经严重超支了！眼看就要到年底了，你当初对着所有人承诺的年终奖还要不要发？别忘了你当时可是拍着胸口保证的，都拍出肺炎了。还有，银行那个催命鬼下个月就要过来讨债，你还能不还银行的钱吗？另外，你跟某某厂家在酒桌上胡乱签订的不平等条约，你到底还要不要兑现？陈总，你现在当务之急就是节流，节流，再节流，不要再花钱了！公司现金一旦断流，你的企业会立即倒闭！”

财务部王总说得有道理吗？好像更有道理。

大家说的都有道理，作为管理者的陈铭浩到底该听谁的呢？要不开个会讨论一下，再举手表决一下？有用吗？没有用，因为屁股决定脑袋，每个人都会为自己部门的利益投上神圣的一票！所以作为一名领导者，你可以能力不够强，你可以让一个团队来弥补你的短板，但你不能什么都不会，你至少要有全盘思考的能力，你需要听取各方意见，然后独立地做出判断和决定。所以，纵观全局，独立思考并做出决策的能力，是一名成功创业者的基础能力。

二、创业者的综合能力

俗话说商场如战场，商业竞争的激烈程度与战争相比丝毫不差，在这个高风险的世界，每个人都是决策者。只有洞察到决策的最深本质，做出最优选择，才能更好地掌控命运，胜算更多一筹。作为一名创业者更应该抓住时代的脉搏，顺势而上，及时做出正确的决策，只有这样才能使自己的创业立于不败之地。那么如何才能做出正确的决策呢？在现实生活中，很多创业者在做决策时完全凭喜好，或者凭感觉，拍脑袋决定，拍胸口保证，拍屁股走人，这不叫果敢，这叫鲁莽。创业者要想做出正确的决策，必须要具备综合思考和分析能力，或者说，你必须是个通才！什么叫通才？

仍以陈铭浩为例，在机器设备方面，他不如技术工人那么在行，但他至少要知道这台机器的产量如何，跟竞争对手相比有没有优势。在财务方面，他做不出来像会计那样规范的报表，但他至少要会看，知道哪里有问题。在营销方面，他不如营销策划人员那么专业，但他至少能判断他做出来的方案是否可行。这就叫通才，或者说综合能力。

由此可知，作为创业者，从管理能力的角度来说，你可以不需要每个领域都很擅长，但你必须什么都懂一点，你就得是万金油一样的人物！ 你只有具备这样的综合能力，你才有可能对事情做出正确的判断和决策。

（二）创业者能力

创业者应该具有领导能力、学习能力、沟通能力、整合能力、决策能力和执行能力。

1. 领导能力

这是创业者最重要的能力。其核心是强化团队成员之间的信任、加强团队内部沟通，进而提升团队绩效，推动创业活动。

2. 学习能力

创业者需要直觉和预见、分析和综合、推导和总结，并善于从失败中学习，总结教训，走出挫折。

3. 沟通能力

创业者需要具有一定的表达能力与交际能力。在与团队、投资人、客户、供应商等对象的接触中，创业者需要发挥良好的沟通能力。

4. 整合能力

创业过程就是资源聚集与整合的过程，包括创业资金、产品创意、推广渠道、人力资源、社会资源。

5. 决策能力

决策能力是决策者所具有的参与决策活动、进行方案选择的技能和本领。创业过程中针对不确定性的环境，需要创业者发挥一定的决策能力，在决策过程中勿求十全十美。

（1）环境：不确定性。创业环境变化莫测，创业者需要在多变的环境中能够感知变化，并通过多种途径识别具有潜在价值的创业机会。

（2）原则：勿求十全十美。创业者只有把握大局，权衡利弊，当机立断，才能尽快达到自己的理想目标。

（3）操作：动态决策。创业者在决策过程中需要注意各因素在时间、空间上的变化，进行动态决策与系列决策。

6. 执行能力

执行能力就是保质保量完成任务的能力。创业不仅要有梦想，有计划，更要有行动。松下幸之助认为，“一个企业的成功，20%在策略，80%在执行”。杰克·韦尔奇认为，“企业目标达成的关键就在于企业的执行力。没有执行力，一切都是空谈”。

第二节 创业团队

微视频 2-2 创业团队

一、组建创业团队

创业需要的是一个系统，而非某一两个单点，单独的个体，不可能具备创业成功所需要的所有技能和资源，大量创业事例告诉我们，单个创业者通常只能达到维持生计。要想单枪匹马地发展一家高潜力的企业是极其困难的，创业者如果成为孤独的“狼”，无法与他人相处共事，那只能算是地摊式的小业主而无法成为统领千军万马的企业家。

软银亚洲信息基础投资基金中国区董事总经理黄晶生说：“创业过程中，管理团队占 50%，市场占 30%，产品占 10%，还有 10%则是运气了。” 由此可见创业团队对于创业的重要性。本节将带你了解创业团队的定义和价值、创业团队的结构类型、组建创业团队的原则，思考探索组建创业团队的方法。

很多创业团队以“兄弟式的合伙”开始，以“仇人式的散伙”而告终。而腾讯的创业团队竟然在近 20 年的创业过程中基本保持稳定不变，既体现了带头人的博大胸襟、团队阵形设计合理、团队成员能力互补、性格相得益彰，也造就了创业的最终成功。

（一）创业团队概念

关于创业团队的概念界定，世界各地不同研究领域的学者给予不同的理解和阐述。致力于研究团队建设的美国著名学者劳伦斯霍普认为，创业团队即在特定的可操作范围内，为实现特定的目标而共同合作的人的共同体。美国著名的商业研究专家乔恩·卡岑巴赫认为创业团队主要具备以下特点：团队拥有一个共同的任务和目标；成员同舟共济，共同承担风险与责任；成员间知识结构具有互补性；成员之间信息共享，彼此尊重、诚信；对团队事务尽心竭力，全力奉献。

由此我们可以将创业团队分为狭义和广义两种。狭义的创业团队就是有共同的目的、共同承担创业风险以及共享创业收益的群体，他们共同组建某一营利性组织，并向社会提供某种产品或服务价值。广义的创业团队不仅包含了狭义的创业团队，还包括了在其创业活动过程中的其他利益相关者，如供应商、经销商或风险投资人等，创业企业在这些主体的参与下得以成长和发展。

（二）创业团队的组成要素

创业团队需具备目标（Purpose）、人（People）、定位（Place）、权限（Power）和计划（Plan）五个重要的组成要素，简称 5P。

1. 目标

创业团队应该有一个既定的共同目标，为团队成员导航，让大家知道要向何处去。没有目标，这个团队就没有存在的价值。目标在创业企业的管理中以创业企业的远景、战略等形式体现。

2. 人

人是构成创业团队最核心的力量。三个及三个以上的人就形成一个群体，当群体有共同奋斗的目标时就形成了团队。在一个创业团队中，人力资源是所有创业资源中最活跃、最重要的资源。应充分调动创业者的各种资源和能力，将人力资源进一步转化为人力资本。

目标是通过人员来实现的，所以人员的选择是创业中非常重要的环节。在一个团队中需要有人出主意，有人定计划，有人实施，有人协调不同的人一起去工作，还有人去监督创业团队工作的进展，评价创业团队最终的贡献，不同的人通过分工来共同完成创业团队的目标。

3. 定位

创业团队的定位包含两层意思：

（1）创业团队在企业中处于什么位置，由谁选择和决定团队的成员，创业团队最终应对谁负责，创业团队采取什么方式激励下属。

（2）成员在创业团队中扮演什么角色，是制订计划还是具体实施或评估。是大家共同出资，委派某个人管理；还是大家共同出资，共同参与管理；或是共同出资，聘请第三方（职业经理人）管理。这体现在创业企业的组织形式上，是合伙企业或是公司制企业。

4. 权限

创业团队中领导人的权力大小与其团队的发展阶段和创业企业所在行业相关。一般来说，创业团队越成熟，领导者所拥有的权力相应越小；在创业团队发展的初期，领导权相对比较集中。

5. 计划

创业团队的计划包含两层意思：

（1）由于目标的最终实现需要系列具体的行动方案，因此，可以把计划理解成达到目标的具体工作程序。

（2）只有在有计划的操作下，创业团队才会一步一步地贴近目标，从而最终实现目标。

（三）创业团队的重要性

团队使各成员联合起来，在行为上形成彼此影响的交互作用，在心理上意识到其他成员的存在，并形成彼此相互归属的感受和工作精神。这种集体不同于一般意义上的社会团体，它存在于企业之中，因创业的关系而连接起来却又超乎个人、领导和组织之外。优秀创业团队具有的基本因素有：①一个胜任的团队带头人；②彼此十分熟悉，能够相互很好地配合的团队成员；③创业所必需的足够的相关技能。员工，即便是创业初期的员工，他们的目的也是为了就业，而不是创业，所以他们不属于创业团队的成员。创业团队成员是为了将来有大的回报，而在创业初期选择奉献（不但不要工资，甚至还要投资）的人。

| 典型案例 |

雷军：创业初期小米一无所有，我是如何找合伙人和员工的

雷军因上市公司金山董事长和小米创始人的身份而为人熟知，他在小米初期找到7个极强合伙人的故事一度被传为佳话。也正因为雷军在找人阶段的“正确投入”，正是依靠着这一支由雷军亲自筛选出来的队伍，在小米创办四年之后手机销量突破6112万台，成为全球第三大手机厂商，估值高涨450亿美元，也让小米在6年后的今天仍然保持强大的生命力。

创业初期如何找人？无论什么样的企业，找优秀的人都很困难。要解决这个问题，雷军提出了两种办法：

一是花足够的时间找人，至少70%；

二是把现有的产品和业务做好，展示未来的发展空间和机会，筑巢引凤！

小米创立初期，规模小，甚至连产品都没有，如何组建极强的团队，如何获得对方的信任？

雷军回忆：在最开始的半年，我的80%的时间都花在找人上。我虽然是连续创业者，但没有玩过硬件，最难搞定的，就是优秀的硬件工程师。为了找到一个非常资深和出色的硬件工程师，我连续打了90多个电话。为了说服他加入小米，我们几个合伙人轮流和他交流，整整12小时。当时他没有创业的决心，始终不相信小米模式能盈利，后来我开玩笑问他，“你觉得你钱多还是我钱多？”他说：“当然是您钱多。”我就对他说：“那就说明我比你会挣钱，不如我们俩分工，你就负责产品，我来负责挣钱。”最后他“折服”了。

为了找硬件负责人，我们几个合伙人和候选人谈了有两个月，进展非常慢，有的人还找了“经纪人”来和我们谈条件，不仅要高期权，而且还要比现在的大公司还好的福利待遇，有次谈至凌晨，我们一度接近崩溃。中间倒是有一个理想人选，一个星期谈五次，每次平均10小时，前后谈了3个月，一共谈了十七八次，最后一刻，这个人对于股份“无所谓”，我还是比较失望，发现他没有创业精神，不是那种我想要的人。

我找人有两个要素：

一是找最专业的人。

乔布斯曾经说过：“我过去常常认为一位出色的人才能顶两名平庸的员工，现在我认为能顶50名。我大约把四分之一的时间用于招募人才。”

雷军在创业时也深谙此道，在成立小米之后，雷军在不同的领域找了7个合伙人，分别来自金山、谷歌、微软、摩托罗拉等。其中林斌、黄江吉来自微软，技术实力深厚；洪锋之前是中国谷歌的第一产品经理；黎万强是雷军在金山的老部下，擅长营销和交互；周光平在摩托罗拉有着多年的硬件开发的经验；刘德是美国艺术设计中心学院（Art Center College of Design）工业设计硕士，分管设计。

七人各司其职，在成立一年多的时间里便打造出爆款产品Mi1。小米也从此乘上火箭，估值水涨船高。

二是找最合适的员工——要有创业精神。这主要是指要有创业心态，对所做的事要极度喜欢，有共同的愿景，这样就会有很强的驱动力。

三个月的时间里，我见了超过100位做硬件的人选，终于找到了负责硬件的联合创始人周光平博士。第一次见面的时候，我们本来打算谈两小时，从中午12点到下午2点，但一见如故，一直谈到了晚上12点。

后来，他告诉我，愿意加入小米的最后一锤子推力，是我跟他说，必要的时候，我可以去站柜台卖手机。所以，创始人到底有多想做成一件事情，在聊的过程中对方也在判断。

在小米创业初期，全体员工都投了钱，占有了一部分股份。雷军认为将员工变作股东，员工的创业心态就会自我燃烧，会有更高主动性，这样就不需要设定一堆的管理制度或 KPI 考核什么的。

每名员工都有主人翁意识，这才使得他们能像打了鸡血一样将热情和激情投入工作之中，也让小米在初期跑得如此之快。

（资料来源：儒思 HR 官网）

二、创业团队类型

根据创业团队的组成者，创业团队可分为星状创业团队（Star Team）、网状创业团队（Net Team）和虚拟星状创业团队（Virtual Star Team）三种。

（一）星状结构

一般在团队中有一个核心主导人物，充当了领军的角色。这种团队在形成之前，一般是带头人有了创业的想法，然后根据自己的设想进行创业团队的组织。因此，在团队形成之前，带头人已经就团队组成进行过仔细思考，根据自己的想法选择相应人物加入团队，这些加入创业团队的成员也许是带头人以前熟悉的人，也有可能是不熟悉的人，但其他的团队成员在企业中更多时候是支持者角色。

这种创业团队有几个明显的特点：

（1）组织结构紧密，向心力强，主导人物在组织中的行为对其他个体影响巨大。

（2）决策程序相对简单，组织效率较高。

（3）容易形成权力过分集中的局面，从而使决策失误的风险加大。

（4）当其他团队成员和主导人物发生冲突时，因为核心主导人物的特殊权威，使其他团队成员在冲突发生时往往处于被动地位，在冲突较严重时，一般都会选择离开团队，因而对组织的影响较大。

（二）网状结构

这种创业团队的成员一般在创业之前都有密切的关系，比如同学、亲友、同事、朋友等。一般都是在交往过程中，共同认可某一创业想法，并就创业达成了共识以后，开始共同创业。在创业团队组成时，没有明确的核心人物，大家根据各自的特点进行自发的组织角色定位。因此，在企业初创时期，各位成员基本上扮演协作者或者伙伴角色。

传统企业通常都是这种结构，这种创业团队有几个明显的特点：

（1）团队没有明显的核心，整体结构较为松散。

（2）组织决策时，一般采取集体决策的方式，通过大量的沟通和讨论达成一致意见。因此组织的决策效率较低。

（3）团队成员在团队中的地位相似，因此容易在组织中形成多头领导的局面。

（4）当团队成员之间发生冲突时，一般都采取平等协商、积极解决的态度消除冲突，团队成员不会轻易离开，但是一旦团队成员间的冲突升级，使某些团队成员撤出团队，就容易导致整个团队的涣散。

（三）虚拟星状结构

这种创业团队是由网状创业团队演化而来，基本上是前两种的中间形态。在团队中，有一个核心成员，但是该核心成员地位的确立是团队成员协商的结果，因此核心人物某种意义上说是整个团队的代言人，而不是主导型人物，其在团队中的行为必须充分考虑其他团队成员的意见，不像星状创业团队中的核心主导人物那样有权威。如，按照《罗伯特议事规则》举行会议：与会成员选举主持人，每位成员只面向主持人对话，成员之间没有对话。主持人的权威性是成员们给的，同时成员们也自觉维护主持人的权利秩序，如图 2-2 所示。

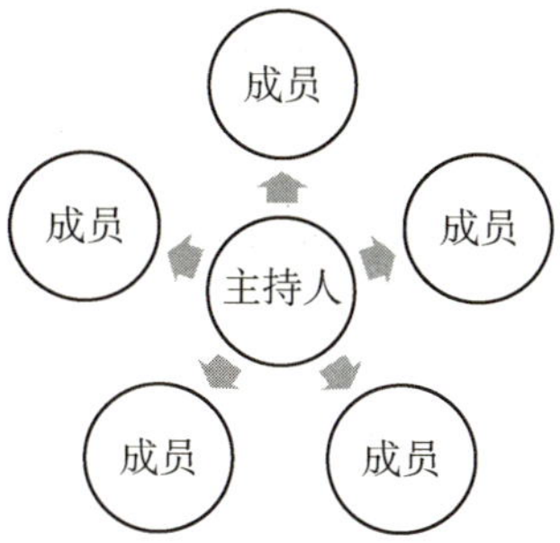

图 2-2　选举主持人

三、创业团队组建要素

由于组建创业团队的基石在于创业愿景与共同信念，因此创业者需要提出一套能够凝聚人心的愿景与经营理念，从而形成共同的目标与企业文化。一般而言，要组建一个优秀的创业团队，应特别注意以下几点。

（一）共同的价值观

古人说，“以利相交，利尽则散；以势相交，势去则倾；唯以心相交，方成其久远”。

价值观是基于人的一定的思维感官而作出的认知、理解、判断或抉择，也就是人认定事物、辨别是非的一种思维或取向，从而体现出人、事、物一定的价值或作用。人生哲学三大终极问题：“我是谁？”“我从哪里来？”“我要到哪里去？”其中，价值观说的就是“我要到哪里去？”为了要到那里去，看到那里的风景，得到那个结果，我愿意为此克服途中的一切困难。

团队的成员应该是一群认可团队价值观的人。团队的目标应该是每个加入团队的成员所认可的。只有具备共同的价值观、确立共同目标的一群人，才会在前进的道路上肩并肩拼搏，同舟共济，才能成为一个“团队”。

（二）资源互补

创业团队的实践主体是个人。在初创的企业中，人力资源是所有创业资源中最重要的资源。对于创业团队而言，通常需要 2 个人以上共同组成创业团队，较为常见的创业团队人数以 3～5 人为宜。因为创业活动中的一切活动都是需要依靠“人”来实现的，并且单个的创业者难以实现独立的创业，其自身所拥有的精力、资本以及资源等相对有限，只有志同道合、优势互补以及价值观一致的创业团队组建起来，整个创业活动的各个环节才能实现达成的愿景目标。这里指的资源包括时间、资金、人脉、知识、能力、性格等。

（三）约束机制

这就是制度的力量，设立规章制度，遵循以下原则：先小人、后君子，白纸黑字立规矩，注重细节，包括撤资、散伙条款，不要为将来的稳定经营留下隐患。不患寡而患不均，要法治，不要人治，一视同仁，不要双重甚至多重标准。

（四）相互信任

亚伯拉罕·马斯洛说，再完善的制度，也不可能做到天衣无缝，再丰厚的利益也不能满足人们所有的需求。在情感上相互信任，是一个团队最坚实的合作基础。只有这样，才能给团队成员一种安全感，只有信任他，他才会把公司当成自己的，并以之作为施展个人才华的舞台。信任不是盲目的信任，而是基于了解和制度的保障。

（五）沟通与胸怀

团队成员之间如果缺乏沟通，就像计算机没有联网。“你不问，我不说”不但能够造成人与人之间的距离，甚至还会好心办坏事，更不用说共同达成创业成功的目标了。如果在一个严谨的制度下，能够保证一个人的贡献大于索取，对于企业来说，这样的人就越多越好。换言之，我们都希望自己的利益最大化，而不必追求别人的利益最小化。“共赢”二字说起来轻松，实践中却需要心胸。

一般来说，一个优秀的创业团队必须包括以下几种人：

（1）一个很好的“领袖”。此人必须能够高瞻远瞩，能够为企业制定明确的战略、战术；必须有很好的人品，处事公正，能够服众，能够团结整个团队；还必须具有很好的协调能力，能够及时化解团队成员的矛盾。

（2）一个很好的“管家”。此人主要负责企业的日常运营及各项规章制度的制定。企业日常事务非常琐碎，因此，此人必须心思缜密、工作细致。

（3）一个很好的“财务总管”。资金是企业的生命线，因此，创业团队中最好有一个好的“财务总管”，能合理地安排企业收支，帮助企业融资。

（4）一个很好的“营销总监”。我们经常说，产品是基础，营销是龙头。如果营销不行，产品就不能变成钱，企业只有关门大吉。

此外，如果创业企业是一个技术类企业，可能还需要一个很好的技术专家，从而帮助企业不断地将技术或产品推陈出新，始终站在行业的前沿。

四、创业团队管理

创业团队管理的重点是在维持团队稳定的前提下发挥团队的多样性优势。有效的团队管理能使各个本来分散的个体和具有不同能力、不同个性的人，组成一个有共同目标、相互协调的整体。团队管理就是要使团队具有不断改善、不断革新的精神，使每个人的才能不停留在原有水平上，从而不断地发展和增强，达到“1＋1＞2”的效果。进行创业团队的管理，主要从以下几方面进行。

（一）打造团队精神

团队精神是各个成员的精神支柱，是创业成功的基石。和谐向上的团队精神能充分调动团队成员的团队意识，使其相互理解和支持，为实现团队的目标服务。

1. 重视团队精神

一个没有团队精神的团队或企业，一切美好的想法和愿望都将成为“零”；没有团队精神的员工，无论学历有多高、技术有多精，对企业来讲都是“零”。只有具备团队精神的团队，才会形成一种无形的向心力、凝聚力和创造力。

2. 形成团队精神

第一，培养团队成员的敬业精神。敬业是积极向上的人生态度，而兢兢业业做好本职工作是敬业精神中最基本的一条。要做到敬业，就要求创业者具有“三心”，即耐心、恒心和决心。任何事情都不是一蹴而就的，不可只凭一时的热情、三分钟的热度来做，也不能在情绪低落时就马马虎虎、应付了事。特别在创业初期，要勇敢地面对并解决困难，而不是一遇到困难就退缩。

第二，建设学习型团队。每个成员的学习、每次团队的讨论，都是团队成员思想不断交流、智慧火花不断碰撞的过程。如果团队中每个成员都能把自己掌握的新知识、新技术、新思想与其他团队成员分享，集体的智慧势必大增，团队的学习力就会大于个人的学习力，团队智商就会大大高于每个成员的智商，从而达到整体大于部分之和的效果。

第三，建设竞争型团队。竞争型团队必须具有竞争意识，敢于正视自己，敢于面对强手。竞争型团队要提高自身水平和技能，能有效完成团队任务。在建立内部竞争机制时，要注意成员之间的关系是建立在理性基础上的竞争，而不是斗争。协作是团队的核心，要用争论来激活团队的气氛，激发成员的竞争意识；要以发展来吸引人，以事业来凝聚人，以工作来培养人，以业绩来考核人，用有情的鼓励和无情的鞭策让团队的每个成员都能以积极的心态工作，实现自我和超越自我，最大限度地发挥团队威力。

3. 塑造团队文化

高效的团队注重文化的塑造，尤其是共同价值观的培养。团队文化是由团队价值观，团队使命、团队愿景和团队氛围等因素综合在一起而形成的。塑造团队文化的关键就是在团队形成与发展的过程中确立团队价值观、团队使命和团队愿景，并以此为基础逐渐形成相应的团队文化氛围。

（二）设置创业团队的组织结构

设置创业团队的组织结构时，必须以团队的战略任务和经营目标为依据，具体要注意以下几点。

1. 权责分明

团队的任何一项工作都离不开其他人的配合，只有协作配合好，才能顺利完成管理工作。对于初创的创业团队，人员分工一般都比较粗放，很多事情不分彼此，一起决策、共同实施。但一定要注意落实责任、权责分明，避免出错或者失误后互相推诿，造成团队成员之间的矛盾。

2. 分工适当

分工并不是越细越好，分工过细会导致工作环节的增加，往往引起工作流程延长，会削弱分工带来的好处。解决扯皮的事情关键是团队每个成员要在团队精神的指导下相互协调，以完成总体目标。

3. 适时联动

适时联动是为了完成特定任务，成立打破部门分工、跨越部门职能的专门工作小组。小组成员具有双重身份，既要向本部门主管汇报工作，又要向跨部门小组组长负责。

这种模式适用于已经具有一定规模的创业企业。创业团队初期由于没有专门的跨部门功能小组，各成员各司其职，在企业规模不是很大的情况下，运行状况还比较好。但是随着企业规模的不断扩大，尤其在新产品更新速度不断加快和一些比较重大的项目上，缺乏全盘的统筹和协调，会造成企业运转困难。因此，一个专门负责新项目或一些重大项目组织协调工作的机构就显得尤为重要。

当有新项目时，组织各职能部门成员成立一个跨部门的功能小组，小组成员在向本部门主管负责或报告的同时要向小组组长报告该项目所辖职能的进展状况，直到项目完成，小组解散。这样，跨部门功能小组在组长的协调下，就能充分发挥团队精神，提高工作效率。

（三）优化创业团队的运作机制

1. 做好决策权限分配

创业团队内部要妥善处理各种权力和利益关系，确定谁适合从事何种关键任务和谁对关键任务承担什么责任。在治理层面，主要解决剩余索取权和剩余控制权的问题。同时，还必须建立进入机制和退出机制，约定以后团队成员退出的条件和约束，以及股权的转让、增股等问题。

而在管理层面，最基本的原则有三条：一是平等原则，制度面前人人平等；二是服从原则，下级服从上级，行动要听指挥；三是秩序原则，不能随意越级指导，也不能随意越级请示。大学生创业团队内部的管理界限没有那么明显，但一定得把决策权限厘清，做到有权有责。

2. 制定员工激励办法

创新团队需要妥善处理创业团队内部的利益关系。大学生创业的资金筹措本来就是难题，分配就更应合理谨慎。团队的管理者要认真研究和设计整个团队的报酬体系，使之具有吸引力，并且使报酬水平不受贡献水平的变化和人员增加的限制，即能够保证按贡献付酬和不因人员增加而降低报酬水平。

3. 建立业绩评估体系

业绩考核必须与个人的能力、团队的发展、扮演的角色和取得的成绩结合起来。

传统的绩效评估体系和绩效管理只关注个人绩效如何，而不去考虑个人绩效与团队绩效的结合。造成这种状况的原因多种多样，包括评估不及时、各方意见不能真实反映实际情况、评估含糊不清、易掺入情感因素、忽略了被评估人的绩效给他人带来的影响等。成功的绩效管理不再限定于只注重个人的绩效，而是更加注重整体表现。这样的交流能让员工个人了解团队合作的重要性，个人需要不断进行自我调整，以适应不断变化的环境和业务发展。

拓展阅读

如何防止创业团队分裂

创业团队的分裂始终是大家关注却又在遗憾当中无可奈何的事，似乎也只能慨叹一句“共苦易，同甘难”的千古名言而已。然而在大家对着数不胜数的案例出神时，却很少有人将这一规律式的宿命加以归纳，总结出共性，并在进一步分析之后拿出药方，下面我们给出了防止创业团队散伙的九个法宝，供广大创业者参考。

第一，理念要正确。要坚信团队能够健康发展下去，不要一开始就想着失败，尤其不要用“只能共苦，不能共甘”、天下没有不散的宴席、过河拆桥等来支配自己的思想，脑子里根本不应有这种想法，有这种想法本身就为失败的结局埋下了种子，就像刚开始学习骑自行车一样，发现前面马路中间有一障碍，于是你越不想碰上石头，偏偏最后还是碰上了，因为你的精力集中于失败了，你必然失败。

第二，要持续不断地沟通。开始要沟通， 遇到问题也要沟通，解决问题时也要沟通，有矛盾时更要沟通，多想有利于团队发展的事情。有不同的看法，不要在公开场合辩论，不要把矛盾展示给下属。

第三，发现小人钻空子，坚决开除。领导之间的矛盾不要让下属来评论、来解决。如果双方沟通有困难时，就主动寻找外部力量，如双方都信得过的好朋友来解决，但不要露出太明显的痕迹。如果发现组织中的小人利用领导之间的矛盾或分歧来达到他个人的目的或损害团队利益，那就要毫不犹豫地将其开除，不论他是什么人。

第四，学会换位思考。多从对方的角度考虑问题，多为对方着想，多些宽容，少些指责。

第五，丑话说在前面。最初创业时就把该说的话说到，该立的字据一定要立到。把最基本的责、权、利说个明白透彻，即谁该做什么事，在什么时间完成，完成到什么程度。如果真正创业的话，股权、利益分配更要说清楚，包括增资、扩股、融资、撤资、人事安排和解散等。

第六，及时协调立字据。任何事情都不可能在最初计划周全，事情是随时都有可能变化的，合作过程中，遇到新问题、新矛盾一定要先说清楚、立下字据再行动，千万不要先干再说。先干再说，看似快了，其实是埋下了祸患的种子，将来就不是速度快慢的问题，而是团队颠覆问题。

第七，不要太计较小事。难得糊涂对创业合作的各方都是保养自己心灵的鸡汤和团队运转的润滑剂，这与前面讲的“丑话在前”和“及时立据”看似矛盾，其实并不矛盾，前者讲的是在没有形成事实的情况下的做法，后者是说事实已经形成了就不要太计较了，计较了也于事无补。其实，事后经常会发现双方的计较毫无实际意义。

第八，不要轻易地考验对方。创业团队合作起来不是一件容易的事情，不考验还会出事，更何况有意考验对方。如果对方知道你在考验他，那你也肯定考验不出来，因为他在心理上和行为上都进行了设防。这不但徒劳无功，而且还会伤了和气，心理上也会出现裂痕。所以既然是合作，就不要动辄考验对方，考验是以不信任为前提的。

第九，一直向前看。创业合作过程中，遇到问题、矛盾应向前看，向前看利益是一致的，因为成功会给大家带来更丰厚的收获；盯住眼前的事情不放，只能是越盯矛盾越多，越盯矛盾越复杂，最后裹足不前；回头看，回忆起合作中的不愉快，会使你伤心，丧失前进的斗志和动力。只有向前看，成功的希望激励着合作的各方，摒弃前嫌，勇往直前，抵达成功的彼岸。

（资料来源：刘辉、李强、王秀艳：《大学生创新创业教程》，96—97 页，上海，上海交通大学出版社，2016）

本章小结

企业的创建者可以是个人，也可以是团队。通常是一些有着共同愿景和价值观的人，怀着对梦想的渴望而走到一起，形成了最初的创业团队。他们通过对资源和生产要素的重新组合，来开发自己的产品或服务，满足市场人们的某种需求，这时，企业就诞生了。本章重点介绍了创业者概念、创业基因、创业者分类及应具备的素质与能力，同时给出创业团队建设、分类与管理相关知识。

思考与练习

1. 调查身边的创业团队，了解其组织架构及运行方式。收集优秀创业团队的案例，分析其有何共同之处。

2. 如果你打算创业，在选择团队成员时有何要求？如果你是团队的领导者，如何更好地管理团队？

教学活动

活动 1　站报纸

活动目的：

让学生通过站报纸游戏，体会与理解团队分工协作的重要性。培养团队默契与抗压能力，激发团队士气。

活动道具：

准备同样大小的报纸若干份，确保每组学生都拥有一张报纸，可多备几张防止练习时破损。

活动规则：

1. 本游戏以小组为单位进行，每组要选定组长。

2. 组长负责组织大家先进行讨论，怎样才能在 1 张报纸上站更多的人，需要坚持 10 秒并记录成绩。

3. 要求双脚都要站在报纸上，身体其他部位不能与报纸以外的地面接触，也不能与桌椅或者其他没站在报纸上的人接触，注意报纸不能破损。

4. 每组选 1 名安全监督记录员，纠正犯规，记录成绩。

思考与讨论：

1. 在游戏中，你所在的组采用的是先讨论再行动的步骤，还是采用了边行动边改进的步骤？

2. 你们的最好成绩是站几人？大家是怎样配合的？

3. 做得不够好的地方是？有没有更好的办法？

4. 游戏过程和创业活动，两者有什么共通之处？

5. 怎样将游戏的心得体会运用到创业活动中去？

活动 2　迷失丛林

活动目的：

通过活动说明，团队智慧高于个人的平均水平，运用团队智慧可以达到更好的效果。

活动道具：

迷失丛林工作表。

活动过程：

1. 教师把迷失丛林工作表发给每一位学生，然后讲述以下故事：

2. 你是一名飞行员，你驾驶的飞机在飞越非洲丛林上空时突然失事，你必须跳伞。和你一起落在丛林中的有14样物品，这时你必须为生存作出一些决定。

3. 在14样物品中，先以个人形式把14样物品按重要程度进行排序，把答案写在工作表第一栏。

4. 所有人完成后，以小组为单位进行讨论，然后以小组形式把14样物品进行重新排序，再把答案写在工作表第二栏。

5. 教师公布专家意见，小组成员将专家顺序填入第三栏。

6. 用第三栏减第一栏，取绝对值填入第四栏，用第三栏减去第二栏取绝对值得出第五栏，把第四栏累加得出个人得分，第五栏累计得出小组得分。

7. 教师把每个小组的分数情况记录，用于分析（如下表）：

小组	个人得分	团队得分	小组平均分
1			
2			
3			
4			
5			

8. 教师在分析时主要掌握2个关键点：

（1）找出团队得分低于平均分的小组进行分析，说明团队工作的效果。

（2）找出个人得分最接近团队得分的小组及个人，说明该学生的个人意见对小组的影响力。

思考与讨论：

1. 你所在的小组是以说明方法达成共识的吗？

2. 你的小组是否出现一言堂的情况，为什么？

3. 你对团队的工作方法是否有进一步的改进方案？

迷失丛林工作表

物品清单		第一步 个人排序	第二步 小组排序	第三步 专家排序	第四步 个人与专家比较 （绝对值）	第五步 小组与专家比较 （绝对值）
A	药箱					
B	手提收音机					
C	打火机					

续表

物品清单		第一步 个人排序	第二步 小组排序	第三步 专家排序	第四步 个人与专家比较 （绝对值）	第五步 小组与专家比较 （绝对值）
D	3 支高尔夫球杆					
E	7 个大的绿色垃圾袋					
F	指南针					
G	蜡烛					
H	手枪					
I	一瓶驱虫剂					
J	大砍刀					
K	蛇咬药					
L	一盆轻便食物					
M	一条防水毛毯					
N	一个空热水瓶					
绝对值总计						
第六步　个人总分						
第七步　团队总分						
第八步　找出小组中最低个人得分						
第九步　比较个人得分和小组得分						
第十步　比较小组个人得分的平均数与团队得分						

第三章　创业机会与创业风险

学习目标

1. 了解影响创业机会识别的主要因素；
2. 掌握评估创业机会的主要方法；
3. 掌握创业机会识别的主要技巧；
4. 了解创业机会的相关风险因素。

案例导学

海正药业：从把握时代脉搏中崛起

浙江海正药业股份有限公司（以下简称“海正药业”）是一家集研产销全价值链、原料药与制剂一体化、多地域发展的综合性制药企业，始创于1956年，2000年在A股上市，属于国有控股上市公司。

海正药业几十年的创业历程中每一阶段的历练与成长，都顺应了时代对健康的需求，实现了从无到有、由少及多的价值创造与积累。他汀类药物是治疗心血管疾病新型降血脂药，并被列入目前全世界20种最畅销药物，目前临床用于降血脂的首选药物为他汀类药物。早在1995年海门制药厂（海正集团前身）就开始与国内多家科研单位、高等院校合作，整合研究资源开发他汀类药物，成功研制出了洛伐他汀，后又全力以赴打通提取工艺，形成自己独特的工艺路线，提高了洛伐他汀的生产水平，大幅降低了生产成本。正是凭借追踪市场趋势，把握住时代的脉搏，使海正药业迅速发展壮大，2002年至2003年，打开市场的他汀类药物使海正药业完成了初步的原始资本积累过程。

创新是企业发展的第一动力，从仿制药向创新药转型，是整个国家乃至全球医药行业的大势所趋。在这种背景下，海正药业把脉新的发展前景进行了超前布局，紧跟国际前沿领域加速推进新产品的申报和转化，积极探索首创药物研发，不断追求技术创新的主动权。2021年，海正药业投入近3亿元，历经十多年研发成功的1类新药、中国首个口服肠道胆固醇吸收抑制剂——赛斯美，经国家药品监督管理局批准上市，并成功纳入2021年国家医保目录，自此开启国创降脂新时代。赛斯美是我国近年来心血管领域批准的唯一一类创新药，是我国首个拥有自主知识产权的胆固醇吸收抑制剂，也是国家“十二五”“重大新药创制”科技重大专项，浙江唯一入选十大新药（国内）榜单的药品。海正药业研发副总裁朱天民说：“目前海正年研发投入占工业销售总额的8%以上，已与国际一流企业相当。利用科技创新，海正推动企业从原料药向制剂转型，从仿制药向创新药转型的目标正逐步实现。”

当前的医药产业竞争态势已经发生了变化，基本结束了粗放式发展，加快朝着高质量方向迈进。海正药业积极拥抱资源数字化、协同网络化、产业智能化的产业大趋势，确定了“聚焦、瘦身、优化”的战略目标。借助AI等智能科技力量，帮助筛选药物活性分子，海正药业大幅增加了研发速度和成功率。海正药业积极拓展从原料药到制剂的上下游一体化业务，抢先布局大健康产业，加快开拓国内特医食品市场。形成从研发到生产，从销售到注册，从原料药到制剂，从仿制药到改良型新药再到创新型新药等的全过程布局，打造了一个全产业链覆盖的一体化平台，具有研发、生产、注册、销售的整合功能。对国内其他创新药企业起着很大的协同和支持作用，吸引着更多研发类型药企实现优势互补，加速产品研发上市和商业化转化。

故善战人之势，如转圆石于千仞之山者，势也。创业者该如何寻找和把握创业机会？很多人创业往往一拍脑袋，头脑发热，执行力虽强，但缺少了审时度势的智慧。《孙子兵法》告诉我们，借势而为会让我们事半功倍，在竞争中更容易占得先机。海正的创业成功说明了这一点，正是创业者对大趋势的敏感，带动了对商机的把握。实现这个并不容易，我们创业者要保持开放的心态，深入观察和独立思考，要丰富自己的知识储备，强化学习能力，广开渠道突破信息茧房，以及构建多元化的思维模式，只有这样才能不断把握时代脉搏，发现市场机遇。

（资料来源：中国发展网，2022-10-28）

课堂思考：

创业机会与创业是什么关系？我们应如何寻找创业机会？

第一节
创业机会概念与特征

微视频 3-1 创业机会概念与特征

相关数据显示，接受过系统创业教育的人更容易甄别出优质创业机会，进而促进创业意愿的产生。如果具备较高的创业机会识别能力，其创业的成功率也相对较高。因此，本章学习重点在于提高大学生的创业机会识别与评估等能力。

一、创业机会概述

创业机会，是指有吸引力的、较为持久的和适时的一种商业机会，创业者据此可以为客户提供有价值的产品或服务并从中获益。创业机会不但需要创业者去发现，也需要创业者的参与、改进和不断创造。创业机会本质上是为满足顾客的需求或是采用比竞争者更有效的方式，解决顾客意识到和没有意识到的实际问题，这也是顾客购买商品或服务的根本原因。

二、创业机会特征

日常我们所见的商业机会并不能等同为创业机会。创业机会与商业机会的重要区别是其相对持续性，并非昙花一现。此外，针对特定的商机，创业者若不能开发出与之匹配的创意，此商机也不能认为是创业机会。结合上述创业机会概念的界定，可以归纳出创业机会有如下特征：

（一）隐藏性

在我们的学习、工作、生活中处处是机会，能否抓住机会要看创业者是否具有“慧眼”。创业机会更是如此，它并不总是时时摆在创业者的面前，却总与人们的日常生活息息相关，创业者需要通过对社会的仔细观察、了解、调查和分析才能发掘出真正的创业机会，并通过实践检验机会的可靠性。

（二）规模性

该要素并非决定性因素，但是其构成的重要因素。通常对创业机会的判断衡量标准，主要是目标市场的需求情况，即判断该需求是否在当前或未来具有一定的市场规模，或者需求是否强劲或热烈，以及当前市场供给能否满足目标群体需求等，进而判断其产品或服务能够满足哪些目标群体的需求，或引导目标群体体验到产品或服务的价值。

（三）可盈利性

通常不管是创业机会还是其他商业机会，在带来巨大利润诱惑的同时也伴随一定的风险。创业者基于以上三个环节对创业机会的评估，最终确定创业机会所能带来的风险收益，最后判断是否值得冒险一试。也就是对创业机会的风险收益权衡能让创业者满意，那么创业者才会奋力一搏去创业。

（四）易逝性

所谓“机不可失，失不再来”，这句俗语就是对创业机会易逝性的最好诠释，机会往往存在于朝夕之间。在当前激烈的市场竞争中，创业机会对每个创业者来说都是公平的，谁先抓住机会，谁就能在激烈残酷的竞争中脱颖而出。

（五）偶然性

大多数的创业机会是偶然出现的。虽然它普遍存在于创业者的身边，但并不是很容易被捕捉到。因此平时不注意知识、经验的总结和积淀，即便好的机会出现，你也会“视而不见”。

（六）时代性

不同社会时期产生的创业机会具有鲜明的时代特征，要想在这些机会所处的领域中选择最适合创业的机会，并不是创业者能决定的，而是由当时社会的政治、经济制度来决定的。因此不同时代、不同时期的不同制度为创业者的创业机会赋予了鲜明的时代色彩。

| 典型案例 |

博士生生活中发现创业机会

武汉理工大学博士生李自力和程鑫经过三个月研发，研制出了快递自助投递柜，并因此创办了智码开门电子科技有限责任公司。他们研制的自助投递柜，通过在武汉理工大小区试点后，已投放在武昌、洪山两个居民区进行使用。

投递员刷卡进入快递自助投递操作系统、输入工作号牌、收件客户手机号码，投递柜门自动打开，快递员放置好快递后离开，云端软件系统自动向客户发出快递收取信息和开启柜门密码，客户收到快递收取短信后即可根据自己时间收取快递。收件中，如果客户发现快递损坏或有问题，即可根据短信联系快递员，并将快递放入投递箱。

在谈到自己的创业动机时，创始人李自力说：“读博期间，我有许多实验要做，同时我也是一名网购爱好者，于是我经常会碰到这样的情况：快递送货员在我做实验时送货了，我的思路也被打断了。那时我就想，要是有一种设备能自助取快递就好了，这样既不会干扰收件人的工作、生活，又能提高快递员的工作效率。我选定便民智能快递终端项目（快递柜）开始我的创业之路。”

创业机会并不总是时时摆在创业者的面前，却总与人们的日常生活息息相关，在生活中遇到难题时，作为创业者应该多思考问题背后的原因，尝试提出自己的解决方案，把问题转化为机遇。

（资料来源：《长江商报》）

三、创业机会来源

（一）政策机会

这主要是基于政策变动给创业者带来的商业机会。伴随着时代的发展、科技的进步，国家和地方各级管理部门也在不断地根据发展需要进行政策调整和完善。而新政策的颁布或旧政策的补充，都会在某些方面孕育新的创业机会，这就要求创业者需要结合国家或地方的政策改革或趋势，结合实际的优势或资源发掘创业机会，并且保持高度关注，创业者顺势而为就会在合适的时间发现适合的创业机会。如我国的改革开放早期阶段，很多沿海地区的优秀企业家就是在那一阶段涌现出来的。近些年高科技与互联网时代，我国也出现了如华为、大疆等民族企业的优秀代表。

（二）市场机会

市场机会并非总是明确地存在，它需要企业按照正确的方向去探索和寻找。需要创业者发挥想象力，发现事物背后的线索，需要创业者用新的观点去理解现实发生的事情，从新的角度意识到机会的存在。它主要包括以下四个方面：

一是市场上出现了与发展阶段有关的新需求。

二是市场供给缺陷产生的新的机会。

三是先进国家（或地区）产业转移带来的市场机会。

四是从中外比较中寻找差距，差距中往往隐含着某种商机。

在某农村做家电维修的只有小胡和小姜两家，每天都以修收录机、电视机为主。小胡是一个经营上的“不安分者”，小姜则是一个循规蹈矩的“老实人”。后来，小胡突发奇想，寻找到新的商机：他发现当地的农民用上了自来水后，将来就有可能使用洗衣机，有洗衣机便会有维修洗衣机的业务。于是，他买回几种本地市场上常见品牌的洗衣机供周围的人使用，目的就是让人们尝试使用洗衣机，同时可以了解洗衣机的结构，学习保养和维修洗衣机的技能。果不其然，一年后，一台台洗衣机进入农村家庭，维修业务几乎全被小胡包揽，而小姜只能眼睁睁看着自己失去一次扩大维修范围的机会。

（三）环境机会

外部环境对创业者来说是可变的，也是不可控的，既包含创业发展的机遇，如由政策法规调整、经济发展、社会进步、技术进步带来的各种机会，也包含可能的挑战。创业者要善于发现和把握对自身有利的环境因素，积极利用环境机会。

大学生李帅，毕业后到家乡某村任村主任助理。最初，李帅对工作毫无头绪，在理想与现实的落差中曾有过心理失衡。镇里成立了大学生创业园，李帅向村里汇报了创业的想法，并到当地一家公司毛遂自荐。该公司正在筹划一个生态养殖项目，听说李帅是学食品专业的，就热情地邀请李帅参加。李帅和镇里的招商分队到外地招商，并争取到了客商投资 5000 万元合建生态养殖项目，成功迈出了创业第一步。

（四）科学技术机会

这是指由技术进步、技术变化带来的创业机会，是将新技术成功应用于生产的可能性，主要包括技术突破带来的机会，工艺创新带来的机会，技术扩散带来的机会，技术引进和后续开发带来的机会。例如：吉列（King C. Gllete）自小就看到父亲用长型剃刀剃须时常常刮破脸，他长大之后自己也有同感，就决心创造出一种更加安全、方便的剃刀。1903 年他发明出世界上第一个可以更换刀片的安全剃须刀。如今的吉列产品有 30 多种功能，年产值达到数十亿美元，市值达 400 多亿美元。

【课堂练习】

学会使用创业机会提问工具，来全面评估某一创业项目。

关于创业机会提问有不同的方式，既可以是自己问自己，也可以是直接询问目标客户或相关人员。学者孙继伟将提问的方式概括为：开放式提问、封闭式提问、诱导式提问、澄清式提问。结合实际案例阐述如下：

开放式提问：您每周从提款机提取多少钱？

封闭式提问：您每周从提款机取钱面值约在 2000 元到 4000 元之间吗？

诱导式提问：不使用自动提款机觉得便捷吗？

澄清式提问：您说使用提款机不够便利，您所指的具体是哪一方面？

第二节 创业机会的识别

微视频 3-2　创业机会的识别

一、创业机会识别的一般过程

对于多数创业者而言，如何识别创业机会是创业者首先要解决的问题。好的创业机会必然有特定的市场定位。为了便于创业者科学高效的实现创业机会的识别，将创业机会识别的一般过程归纳总结为五个阶段：

1. 第一阶段：准备阶段

像歌手需要日复一日的训练，学生为了取得理想的成绩需要不断的强化学习，同样，创业机会的识别也需要创业者拥有足够的经验，这也是当前很多创业者偏向选择自己有多年经验的熟悉领域进行创业的原因。

2. 第二阶段：孵化阶段

创业者既要仔细考虑创意，同时也要对业务进行深思熟虑。还需要注意的是，创业者的孵化又分为有意识的孵化行为和无意识的孵化行为。

3. 第三阶段：洞察阶段

该阶段主要是现实问题得到解决或是创意想法得以实现。通常该阶段的思考都能够较快地推动创业者进一步向前发展，但是有时也会帮助创业者理清创业思路，进一步验证创业机会或项目是否可行，或者其可实现性的难易程度。

4. 第四阶段：评价阶段

该阶段是创业过程中创业者自我审视创意可行性的验证阶段。但是有很多创业者在经历过第三阶段后就会简单地认为该阶段可以直接跳过，其实不然。该阶段需要创业者结合上一步的洞察，进行实践检验来验证创意的可行性。

5. 第五阶段：论述阶段

该阶段是创意转化成产品的最终落实形式，该阶段所成型的产品基本上将产品实物化，产品的细节功能部分应该基本实现，产品会在该基础上进一步进行产品迭代和优化，最终演变为有价值的产品或服务。

二、影响创业机会识别的因素

（一）先前经验

所谓先前经验，是指创业者凭以往的创业实践和其他商业实践所积累的经验会影响到对创业机会的判断和认识。研究表明，创业者的商业实践越丰富，对创业机会的理解和认知就越深刻，尤其会着重考虑机会与团队和资源的匹配关系；创业者的商业实践越少，对创业机会的认识可能就越肤浅、越片面。

研究表明，创业经验又分为成功实践和受挫实践，两种情形对创业者的机会识别具有不同影响。具体而言，如果创业者在先前的创业实践中取得一定的成功，将有助于其客观、科学地分析和认识新的商机，在面对新的创业机会时，创业者将会更多地抱有积极的心态；如果创业者在先前的创业实践中遭遇了较多挫折，则会影响创业者对新创业机会的公正评价，甚至在面对很合适的创业机会时，创业者也多会抱有难以作为的心态，放弃适合的创业机会。

（二）认知因素

从本质上说，识别创业机会是一种具有较强主观色彩的行为，因此创业者个体的认知水平也构成识别创业机会的重要影响因素。在现有研究中，关键的个人认知因素包括：

（1）警觉性。一般而言，创业者比一般劳动者或管理者对信息有更大的需求，他们会花费大量时间和精力对信息进行搜索和筛选。也有人认为，警觉性是一种习得性的技能，拥有某个领域更多知识的人对该领域的创业机会具有更高的警觉性。

（2）风险感知。风险感知实际上不是一种独立的认知因素，它与创业者的心理承受力、依赖程度和控制欲望等其他要素相关。有研究者提出，较强的风险承受能力不仅是创业者识别市场机会的影响因素，也是创业者应当具备的优秀特质。

（3）先验知识。创业者会更加关注与他们已经学习或积累的知识相关的机会，其中最重要的是专业知识。对专业知识的获取和掌握能够帮助创业者形成关于该专业领域的供求态势、竞争态势等方面的清晰认知，进而把握该领域的创业机会。

（4）自信心。成功的创业者与一般劳动者相比，往往在某些方面体现执著的信念。

（三）学科经验

现代经济已经步入了高度信息化的移动互联网时代，对知识等相关领域的掌握程度将对推动个体或组织开展创业活动具有重要意义。譬如某软件信息技术的创业者，对软件信息领域的机会识别能力相较于其他没有此专业背景的个体而言是具有显著优势的。这种创业者所习得的知识主要是一些专业的或带有技术性质的学科，通常这些创业领域都需要创业者做进一步的市场垂直细分，对基于行业背景的创业机会具备总体的了解或掌握，这也是其区别于其他不具备专业知识创业者的重要优势。

（四）社会关系网络

社会关系作为一种社会资源，能够在创业者与其希望获取的外部资源之间搭建一座桥梁，并缩小创业者与外部合作者在信息与资源流动上的差距，因此对于创业者而言，社会关系网络的深度和广度对创业机会识别有重要影响。研究表明，独立型创业者（独自识别商业创意的创业者）与网络型创业者（通过社会联系识别商业创意的创业者）相比，后者比前者能够识别出更多机会，这表明拥有一定深度和广度的社会网络，有助于创业者识别出更多的创业机会。

与大多数人的印象不同，在创业者的社会关系网络中，弱关系往往比强关系更能帮助创业者获取有价值的创业机会。所谓弱关系，是指个体与联系不频繁、相互作用力较小的人之间的关系，例如同事、同学或一般朋友；相反，强关系是指个体与联系频繁、相互之间影响较大的人之间的关系，例如亲戚、密友和配偶。由于强关系主要形成于具有相似意识的人际关系之中，这样的关系有助于强化个人已有的观点和看法，但不利于催生新的想法；而在弱关系中，个人之间的意识往往存在较大差异，交往过程中异质性较强，从而可能激发创业者对创业机会形成全新的认知。

三、创业机会识别技巧

（一）从日常痛点中寻找创业机会

通常我们对日常所处的社会环境存在诸多的不满，譬如涉及吃穿住用行的方方面面，常常抱怨太贵、太差、太慢、不道德、诚信缺失等。透过日常生活中所存在的种种抱怨，更深层次的是蕴含着诸多的诉求和期待，一些成功的创业者也正是通过对生活中某些“痛点”的感同身受，开始产生了创业思路进行创业实践。甚至在一定程度上可以将创业理解为创业者解决人们生活问题的一种创新的实践活动。若创业者设身处地的以用户的“痛点”为出发点，则创业的成功概率会大大提升。

（二）从热点事件中发现机会

伴随着互联网技术的飞速发展，社会资讯传播分享的速度在大大加快，热点事件在不断刷新更替，创业者只需悉心观察，抓住热点，掌握题材方向，就能够捕捉到适合的创业机会。作为即将步入社会的大学生，阅历较少，缺乏一定的商业敏感度，但是大家可以拿出笔和纸，将当前身边的热点一一列出，看能否结合热点开发出市场潜在需求，筛选出创业机会。

（三）从生活消费新需求中发现机会

根据马斯洛的需求理论模型，个体在基本的温饱问题解决后，开始对享受生活，以及个性化的生活有了进一步的追求。创业者需要及时围绕生活方式的转变，以及生活观念的变化来识别创业机会。比如对于大部分女性而言，都希望能够实现青春常驻，健康美丽。那些一线城市收入较高的城市中青年女性的诉求最为突出，她们平时需要进行各种各样的美容和保健服务，很多的休闲美容会所应运而生。随着时代的发展，现在越来越多的男性也开始关注自我形象管理，男性美容商品也开始发展起来。由此可以看出，围绕着个体对美的追求，你就会发现潜力巨大的市场。个体的物质生活得到了较好的改善，也自然而然地开始对精神生活有了进一步的追求，创业者可以以精神文化产品或服务为出发点进行创业。我国目前的精神文化服务也开始成为新兴产业。总之，社会在不断地发展进步，个体的生活方式和观念也发生着变化，创业者通过对这些变化的研究，进而发掘潜在的需求，最终实现创业机会的选择。

| 典型案例 |

“00 后”大学生打造原创国潮 IP 数据库，创业两年营收超千万

“00 后”女孩王淑禾是湖南禾福文化科技有限公司董事长，同时也是湖南大学金融与统计学院学生，虽然还是学生身份，但她早已跳出“象牙塔”的舒适圈，在社会这所“大学”里闯荡，成为一名身上笼罩着多层光环的“00 后”企业家。她是薪火芳华品牌创始人、胡润百富 U30 中国创业先锋，入选湖南未来之星 TOP100，以第一作者（发明人）获得 28 项国家专利、29 项软件著作权。

王淑禾从小喜欢非遗文化，在大一的时候就和朋友一起成立了一个公益组织，免费为中小学生讲解传统文化。在没有放下学业的前提下，用数万小时的时间换来了孩子的认可与喜爱，据统计她一共去过 170 所学校给孩子们授课。

公益项目实施以来，团队积累了大量文化数据，王淑禾敏锐觉察到，这是一个商机，将文化数据商业化，盘活更多资源，让“非遗”、国潮文化通过数字化呈现和商业化运作被更多人看见。

为专心创业，王淑禾做了一个大胆的决定，休学一年。那一年，她和团队成立了湖南禾福文化科技有限公司，打造薪火芳华品牌，通过 AIGC 技术（人工智能生成内容），将文化转化为数据和代码，由此生成不同形态的图像和产品。

目前，薪火芳华研发了“民族、民俗、地域、文博”四大中国特色原创 IP 数据库，开发了基于华为昇腾算力的国潮 AI 设计系统，衍生出十六大系列国潮文创产品。短短两年时间，公司营收超千万元，王淑禾也被省人社厅聘为就业创业导师。

（资料来源：《湖南日报》，2023-06-19）

第三节 创业机会的评估

微视频 3-3 创业机会的评估

从创业成功最大概率的角度来看，创业机会应该优先注重产品战略和市场战略，一般应该聚焦于产品战略或市场战略中的一种，比如，如果是技术创业，那么优先聚焦于产品战略，保持快速成长；如果是市场机会型创业，那么需要聚焦于市场战略，否则市场机会稍纵即逝，很容易丧失机会。下面针对如何评估新的创业机会，提出一套市场、效益、创业团队、个人、竞争优势、策略特色等六大要素的评估准则。

一、市场面的评估准则

1. 市场基础

一个好的创业机会，必然能为顾客带来价值，具有市场基础。因此评估创业机会的时候，可由市场定位是否明确、顾客需求是否清晰、顾客接触途径是否流畅、产品线是否可以持续来判断创业机会可能创造的市场价值。若能带给顾客更高的价值，则创业成功的机会也会更大。

2. 市场结构

一家企业外部存在着五种基本力量，共同影响着企业的竞争优势。这五种力量包括：供应商（上游）讨价还价的能力，购买者（下游）讨价还价的能力，潜在进入的威胁，替代品的威胁，同行业公司的竞争。这五种力量综合起来影响着产业的吸引力，也影响着创业机会的吸引力。

3. 市场规模

市场规模的大小与其成长的程度，也是影响初创企业成败的重要因素。通常市场规模较大者，市场进入的壁垒相对较弱，市场竞争激烈程度也会随之降低。但是如果需要进入的是一个发展成熟的市场，那即便市场规模较大，但是处于“红海”状态，利润的空间也必然会减小，该创业项目的投入就需要谨慎。相反，一个处于成长阶段的市场，通常是一个充满机会的崭新市场环境，只需创业者瞄准时机，那么相对容易获得利润。

4. 市场渗透力

对于一个具有蓬勃发展市场潜力的创业机会，其实际的市场渗透能力，也就是其创业机会的转化实现过程，将会是影响其发展速度的重要影响因素。那些有远见的企业家，通常能很好掌握进入市场的时间节点，在市场需求大幅成长之际较快地切入其中，进而获得一定的市场份额。

5. 市场占有率

预期可达成的市场占有率目标，能在一定程度上彰显企业的市场竞争力。要成为行业的引领品牌，需要两成以上的市场占有规模。若低于5%的市场份额，企业的竞争力相对较弱，也同样会影响企业未来的市场估值。特别是某些需要一定技术含量的科技领域，初创企业需要拥有成为市场前几名的实力，才能获得关注。

6. 产品的成本结构

产品的成本结构，能够在短时间内反映创业项目的未来前景。通过判断人工成本在创业产品总成本中的比重，以及变动成本与固定成本的比例等，就可以初步对产品的附加值进行预测，评估未来的获利空间大小。

二、效益面的评估准则

1. 合理的税后净利

通常而言，那些具有一定的市场吸引力的创业机会，需要能够实现15%以上的税后净利润。若市场预期的税后净利润是在5%以下，那么该项目可能不是一个优质的投资机会。

2. 达到损益平衡的时间成本

合理的损益平衡时间应该控制在两年之内实现，如果是在三年后，那么项目可能并不是一个适合的机会，需要创业者重新审视。但是并不排除某些行业的创业项目需要长时间的深耕，需要创业者的隐忍坚持，可以将前期的投入看作投资，需要较长时间的损益平衡时间。

3. 投资回报率

考虑到初创企业可能面临的种种风险，因此合理的报酬率就应该在25%左右。通常而言15%及以下的投资回报率已经不值得深入挖掘。

4. 资金需求

资金需求量相对较低的创业机会，通常容易受到天使投资人的青睐。一些创业案例表明，资金需求高的项目，承担的风险很大，并不适合创业。一般而言知识密集的创业机会，资金的需求量相对较低，投资的回报率也相对较高。所以，创业者需要根据实际的需求，在开始阶段不需过多地募集资金，最好是通过盈余积累的方式来进行资金的积累。

5. 毛利率

毛利率较高的创业机会，实际的风险也相对较高，毛利率较低的创业机会，实际的风险也较低。初创企业的毛利率，最优的状态是40%左右，当创业项目的毛利率低于20%时，需要慎重考虑该创业机会。

6. 策略性价值

通常而言，策略性价值与产业网络发展规模、利益机制以及市场竞争程度关系密切，但是创业机会对于产业链创造的价值效应，也与其组织内部实际经营的策略与模式紧紧相关。

7. 资本市场活跃状态

当创业活动处于一个相对活跃的资本市场之中，其获利机会也会比较高。不过资本市场的变化较大，在市场高点时进行投入，资金成本相对较低，筹资相对容易。但是在资本市场低点状态中，投资创业项目的诱因则较低，一些相对优质的创业机会也会较少，但是对于投资者来说，市场低点取得的成本较低，有时反而投资回报率会增加。一般来说，新创企业在相对活跃的资本市场中容易获得增值，因此资本市场的活跃状态也是一项用来评价外部创业环境的重要指标。

8. 退出机制与策略

所有投资的目的都在于回收，因此退出机制与策略就成为一项评估创业机会的重要因素。企业的价值通常需要具有客观评估能力的交易市场来决定，而交易机制的完善程度也会对创业企业的退出机制产生影响。创业企业退出的难度显著高于切入，因此投资者需要为具有吸引力的创业机会厘清退出机制。

三、创业团队评估准则

1. 最佳团队组合

由有声誉名望的优质企业家引领，结合一群具有专业教育或工作背景的成员组建的创业团队，以及紧密的组织凝结、共享价值观，这种组合的创业团队容易实现创业企业的长远发展。因此，创业机会的评估不能忽视创业团队的组合及整体的能量。

2. 产业经验与专业背景

创业者与其团队成员的相关产业经验会对创业成功与否产生影响。即便是优质的创业机会，若团队缺乏必要的行业经验以及专业背景，也会影响创业项目的成功概率。

3. 价值观

创业者的人格特质特别是创业者的人品与道德观念，是影响创业团队获得投资人关注的重要影响因素。创业者在行业内的实力口碑，注重诚信、乐于助人及公平等为人处世特质，将会无形中为创业者加分，对于评价创业机会通常有加分效应。一些优质的创业机会，最终都由于内部成员的欺骗以及权力争夺等导致失败。

四、个人层面的评估准则

1. 与个人目标的契合度

因个人在创业过程中遭遇的风险较大，因此深入了解创业者的动机非常重要，可以借助创业者的动机来判断创业者愿意付出的程度。通常新的创业机会与个体的创业目标的契合程度越高，那么创业者付出的意愿就越大，创业目标的实现程度也越高。所以一个有较强吸引力的创业机会，必能与创业者的个人目标高度契合。

2. 机会成本

个体一生的黄金岁月大概有 30 年的光景，在该阶段可以分为学习、发展与收获等不同阶段，为了创业，需要放弃什么？从中可以获得什么？得失的评价如何？换言之，所有的创业成员，需要在决定正式创业前深入思考创业所需付出的机会成本。

3. 面对失败的底线

俗话说：“留得青山在，不怕没柴烧。”创业需要时刻面对创业风险，理性的创业者需要合理设定失败的底线，以便为东山再起保留一定的机会。在进行创业机会的评估过程中，也需要充分了解创业团队对于创业失败底线的看法。

4. 个人偏好

评估创业机会时，需要看创业项目是否满足创业者个体的偏好，如工作地点、生活习惯以及个人偏好等。

5. 风险承受能力

由于个体的风险承受能力具有显著差异，所以这也成为影响创业机会评估的重要因素。风险承受能力过高或过低都不利于初创企业的发展。风险承受能力太低，会过于持保守主义或封闭主义，大部分决策都相对保守。风险承受能力较高的又容易激进，一意孤行将企业处于危险之中。理性面对风险的创业者能较好地为企业制定决策，对投资人而言，其创业项目吸引力较强。

6. 抗压能力

创业团队的抗压能力也会影响创业机会的评估。抗压能力与团队成员愿意为创业投入工作量的多少，以及愿意默默忍受辛苦的程度密切相关。通常而言，由抗压能力较低的创业团队所提出的创业构想，成功的概率也较低。

五、竞争优势层面的评估准则

1. 成本竞争力

创业机会所呈现的成本竞争力，是创业项目评估的重要指标。优质的创业方案通常都可以通过持续降低成本来创造竞争优势，除了通过经济规模来降低成本之外，良好的品质管理、高效率的生产管理、优质的采购能力以及快速的产品迭代能力等都有助于成本的降低。具有较强吸引力的创业机会，需要对物料成本、制造成本、营销成本等有良好的管理水平。

2. 市场控制能力

市场领导厂商都具有一定的市场控制能力。对于产品价格、客户、渠道的控制力，是关乎企业竞争优势的重要影响因素，一个缺少市场控制能力的创业机会，创业面临的风险也相对较高，投资的吸引力也相对较弱。

3. 进入壁垒

进入壁垒较高的市场，机会的吸引力也较弱。类似，创业机会如果难以制造进入的障碍，那么可能不是一个好的投资机会。制造进入障碍的方式，主要包括专利、规模经济、商誉、高品质低成本、掌握相对稀缺的资源、快速缩短产品生命周期的能力等。在一个处处存在障碍的领域中，通常难以发掘好的创业机会。不过缺乏进入障碍的新市场，却通常较容易吸引大量的竞争者，而使得毛利率快速下降。因此所谓具有吸引力的创业机会，进入的应该是一个相对障碍不那么高的领域，但是实际进去后，就需要具有制造进入障碍的实力，以求保护市场利益。

| 知识链接 |

创业思维 VS 管理思维

维度	创业思维	管理思维
流程维度	在事物创建过程中应用，解决从 0 到 1 的问题，也就是创新创业的突破，通常能够提出创新的解决对策与商业模式	事物成长过程中应用，解决从 1 到 N 的问题，也就是成长问题。从 1 到 N 是一个量变的过程，是对现有解决方案或商业模式的复制或优化

续表

维度	创业思维	管理思维
目标维度	在目标尚不确定需要深入探索时，运用创业思维，进而大大规避创业风险	在目标确定、需要执行时，应用管理思维，通过计划来提升目标的实现效率
资源维度	从已有资源开始，创造性的整合，实现资源价值应用的最大化	待所需资源都准备好才开始进行，并且相对严格地配合其执行计划
计划维度	时刻保持在行动实践中学习，不断修正地执行	严格执行执行计划。并且通常执行计划是严格调研多种信息情况下的执行
成果维度	创造出创新事物，提出创新性的问题解决对策以及生产方式变革等	通常是在做重复性的工作，创新地改良某种作业方式或流程等

课堂思考：

小组头脑风暴：每组从“衣食住用行”五个领域中选出三个领域，找出实际的生活痛点，请同学们结合自己的日常生活来构建出一个想法或观点，完善下面的表格。

分类	不满	不满原因	潜在创业思路
衣			
食			
住			
用			
行			

第四节 创业风险及规避

微视频 3-4 创业风险及规避

一、创业风险的概念

风险是指一定环境、一定时间段内，影响决策目标实现的不确定性，或是某种损失发生的可能性。发生损失的可能性越大，风险就越高。它可以用不同结果出现的概率来描述，结果可能是好的，也可能是坏的，坏结果出现的概率越大，风险就越高。创业风险是指在创业过程中，由于创业环境的不确定性，创业机会与创业企业的复杂性，创业者、创业团队的能力与实力的有限性，而导致创业活动偏离预期目标的可能性及后果。

二、创业机会风险的构成

创业机会的风险主要包括系统风险和非系统风险，如下表所示。系统风险即创业环境的不确定性所带来的风险，比如创业目标市场的需求波动性，以及竞争对手的不确定性，生产要素市场供给的不确定性，国家或地方政策法规的调整带来的诸多外部风险。该风险通常对于创业者而言，难以依靠自身进行掌控，创业者对于该系统风险的规避通常仅仅依靠相关方式的防范来弱化或规避。

非系统风险主要包括创业者自身行为的不确定性所带来的风险，比如创意可操作实施的不确定性、创业团队能力的不确定性等创业企业组织内部的风险要素。非系统风险通常需要创业者结合创业企业实际情况来进行组织内部风险的化解，同时结合风险的评估来确定主要矛盾与次要矛盾，以及理性地评估风险产生的来源、风险发生的概率、风险可能造成的损失多少以及创业者是否能够有效地应对等。

创业机会风险的构成

<table>
<tr><th>创业机会风险类别</th><th>一级风险要素</th><th>二级风险要素</th></tr>
<tr><td rowspan="10">系统风险</td><td rowspan="4">市场风险</td><td>新产品市场处于待开发状态</td></tr>
<tr><td>目标市场接受产品或服务的时间节点不确定性</td></tr>
<tr><td>产品或服务的市场需求增速不确定</td></tr>
<tr><td>市场未来竞争对手无法描述</td></tr>
<tr><td rowspan="4">要素市场风险</td><td>外部资本的获取不确定性</td></tr>
<tr><td>技术的理想可实现性待定</td></tr>
<tr><td>人力资本的流动不确定性</td></tr>
<tr><td>产品供给前段的机会行为不确定性</td></tr>
<tr><td rowspan="2">法律及政策规章制度风险</td><td>国家或地方政策法规的变化、调整不确定</td></tr>
<tr><td>相关行业的准入制度变革待定</td></tr>
<tr><td rowspan="6">非系统风险</td><td rowspan="2">技术风险</td><td>新产品技术是否能够达到预期目标不确定</td></tr>
<tr><td>相关行业能够保障提供相应的技术支持的不确定性</td></tr>
<tr><td>财务风险</td><td>新产品市场研发和开发的资金需求不确定性</td></tr>
<tr><td rowspan="3">创业团队内部风险</td><td>团队成员的价值观长期一致性不确定</td></tr>
<tr><td>团队协作的默契程度不确定</td></tr>
<tr><td>核心成员能够发挥的角色作用不确定</td></tr>
</table>

三、创业机会风险规避主要路径

（一）系统风险规避路径

1. 市场风险规避路径

市场风险，也就是创业的市场转化实现阶段，创业者会遇到市场需求的不确定性，以及市场竞争的变数等外部不确定因素所可能造成的失败。通常人们对于市场既有的产品多持有司空见惯的状态，并且整个市场需求相对稳定。但是新产品或服务在初期阶段，对于顾客而言较为新鲜，它的市场需求多是潜在待开发的。新技术产品或服务，顾客接受起来相对缓慢，消费者往往对尝试新产品感到担心，即使他们挺喜欢这款产品。例如在日本仍有许多翻盖型手机用户，当被问到为什么还在坚持使用过时的翻盖手机时，许多人会说他们喜欢翻盖手机的大小，同许多大屏智能手机比起来它可以很方便地放进衣服口袋里。需要注意的是，这些消费者关注的是换成大屏智能机后，他们会“损失”什么，而不是会获得什么好处。损失掉的利益在他们眼中得到了放大。行为经济学中称这种心理为“损失厌恶”，即人们面对同样数量的收益和损失时，认为损失更加令他们难以忍受。

大多数创业者难以判断目标市场接受产品或服务的具体时间，导致创业者错过了最佳机会窗口。目标市场群体接受新产品或服务的不确定性，要求创业者充分利用同理心，切身感受目标客户的关键需求，合理地确定目标市场时间可行性，进而果敢精准地将产品或服务投入市场。

新产品的市场需求增长速度难以预测。很多的市场需求处于待开发、待转化的状态，而创业者仅凭眼下对目标市场的预测，难以科学理性地判断市场增速，因此需要创业者结合多维度的要素，进行深入的评估和预测。

同行业竞争趋势难以预测。通常多数创业者在实施融资计划时，对天使投资人或风险投资机构所提供的创业计划书完全采纳，大部分会忽视未来市场中的竞争对手，甚至有的创业者会迷之自信地认为其设计的产品或服务，在行业已经达到了极致水平，未来难以出现与之相对抗的产品或服务。但是对于大部分创业者而言，若要有效地规避未来的潜在威胁，深入客观地分析行业竞争对手，对于创业企业的长期发展是非常重要的。所谓客观理性地分析，主要是创业者需要认识到大部分的创业者其整体创业思路及创业理念具有较强的相似性，切忌盲目自信高估其产品。

2. 要素市场风险规避路径

创业作为一种长期性的商业活动，需要各类资源的整合，如人力资源、资金资源、技术资源以及其他要素资源等。但是并不是说拥有了核心的创业资源就能成功，对于创业者而言，能否及时有效地获取所需资源，也是与外部环境一样处于变化的状态之中，进而就成为了创业风险。

市场上资本获得的实效性不确定。某权威媒体通过调研发现，多数的创业者在对创业要素需求方面，需求最多的就是资金，显而易见，创业初期的资金对于大部分创业者而言意义重大。

第一，资本市场的资金可得性不确定。在众多的生产要素之中，多数创业者首先需要资金支持，但是该部分又是资本市场中变动较大的因素。当前时期，我国的创业者主要依靠家人、亲朋好友、商业银行小额信贷、天使投资人或投资机构的股权融资、政策资金等进行资金筹集，获得起步阶段的初始资金，但是大部分资金的来源处于不确定的状态。

创业者在其初始阶段多是“白手起家”状态，自己的储蓄通常难以成为主要资金来源。因此一些创业者会选择向周边的人借贷，但是我国通常的人脉交际圈又相对闭塞，甚至有人称中国人借钱的圈子基本不会超过十个人。在以上劣势背景下，越来越多的创业者选择向商业银行进行小额贷款，但是通常资金的额度难以支撑企业的短期发展，无法满足市场需求容量较大的商业活动。因此，一些创业者开始关注天使投资人和投资机构，寻求股权投资，但是创投公司的资金到位程度，通常与创业者实际的创业进展密切相关，若创业者没有将事情做到一定程度，创投公司多是不会选择投资的。一些创业者争取政府职能机构的投资，如争取国家或省市的创新基金支持，但多数情况下需要面对严格的评审程序，这也让一些创业者望而却步。综上所述，创业起步阶段的资金对于大部分创业者而言都具有较强的不确定性，为了较好地规避以上风险要素，建议创业者采用多元化渠道争取创业资金支持。

第二，技术市场的技术可得性和实现性不确定。在后工业时代，各行各业的商业活动都需要特定的技术。即便是从前人们认为新技术应用水平较低的餐饮行业，当前也开始广泛地使用现代化的信息技术设备。创业离不开创新，创新离不开技术，尤其对于技术类创新企业更是如此。创业者获得初始技术的主要途径，可总结归纳为：创业者自有技术、过期专利技术，以及有创意后开发新的技术或购买他人技术。我们此处主要针对后一种情况，也就是创业企业拥有创意后开发新的技术或购买他人技术使用权，创业者从外部获得技术的可得性、适用性以及效果，能否达到创业者的主观预期，通常都带有明显的不确定性，进而影响创业机会四要素的有效构成。正因如此，在创业者起步阶段，创业者应该尽可能地多使用自有技术，并且应对所有的技术进行系统、全面的评估，进而在实用、有效和可靠的前提下选用相关技术。

第三，人力资源市场的不确定性。多数人是利益驱动的理性个体。创业起步初期阶段，企业难以短时间获得较好的经营业绩，员工也难以得到理想的薪酬，生存是个体的第一需求，若创业企业的薪资难以为员工支付其生存所需的报酬时，就很难在人力资源市场招聘到合适的企业员工，或者容易造成人力资源的流失等，给创业企业带来极大的不稳定性，进而导致企业的创业危机。为此，创业团队首先应为创业企业筹集必要的资金，为员工提供基本的生存薪酬，其次再附加以其他形式的奖励如股权或期权等。

上游产品市场供应商潜在的机会主义行为。一般来讲，初创企业短时间内难以建立起相对稳定的采购关系。供应商的信用缺失，有动机将产品销售给出价更高的企业，违反先前的契约。因此，创业企业在面对上游市场供给的不确定环境下，需要提前做好风险规避的相关措施和准备。

3. 国家法律及政府法规风险的规避

对于大部分创业者而言，创业风险容易受到产业政策影响，这主要由于环境在变，产业在发展，各项产业政策也在不断调整完善，这就导致创业过程中存在了潜在的不确定因素。

一旦政策变化超出了创业者预期，就会导致创业机会变得难以实现。因为一旦创业者开始了创业的活动，就很可能遭遇一定的创业风险。所以对于大部分创业者而言，需要时刻关注国家的政策动态，深入地研究相关文件的精神，根据政府的相关政策相应调整，从而尽可能地降低风险。

此外，新的产品或服务通常缺少一定的国家标准。在政府和行业组织没有确定明确的标准之前，企业是很难进入标准和批量化的生产阶段。如果产品或服务尚未取得相关政府组织部门的授权或许可，那么其在之后的销售中也是非常容易受到阻碍。如果生产过程或产品使用过程对环境造成一定的破坏，那么相关政府组织部门也会对该产品生产加以限制。因此，创业者在进行创业机会的判断时，需要深入地分析和评估未来政府职能部门对该产品的态度。

拓展阅读

尽量避免风险，保住本金

股神巴菲特是一个善于规避风险的高手：1956 年，26 岁的巴菲特靠亲朋凑来的 10 万美元起家；52 年后，福布斯最新全球富豪排行榜显示，巴菲特的身价已位居全球首位。今天看来，巴菲特的故事无异于神话，但仔细分析巴菲特的成长历程，他并非那种善于制造轰动效应的人，而更像一个脚踏实地的平凡人。

在巴菲特的投资名言中，最著名的无疑是这一条："成功的秘诀有三条：第一，尽量避免风险，保住本金；第二，尽量避免风险，保住本金；第三，坚决牢记第一、第二条。"为了保证资金安全，巴菲特总是在市场最亢奋、投资人最贪婪的时刻保持清醒的头脑而急流勇退。1968 年 5 月，当美国股市一片狂热的时候，巴菲特却认为再也找不到有投资价值的股票了，他由此卖出了几乎所有的股票并解散了公司。结果在 1969 年 6 月，股市大跌，渐渐演变成了股灾，到 1970 年 5 月，每种股票都比上年初下降了 50%，甚至更多。

巴菲特的稳健投资，绝不干"没有把握的事情"的策略使他逃避过一次次股灾，也使他能在机会来临时资本迅速增值。

（二）非系统风险规避路径

非系统风险通常是创业者自身行为的不确定性带来的风险，创业者通过自身努力可以较好地防范或规避这类风险。通常创业机会下的非系统风险，主要包括技术风险、财务风险以及团队风险。

1. 技术转化以及研发是否顺利的不确定性

第一，新产品试制能否成功通常是不确定的。经典的案例是美国杜邦公司生产的尼龙材料，生产投入较多，耗费的时间也较长，结果却不尽如人意。在某一天的下班后，一位加班的科研人员忘了将酒精灯关掉，酒精灯烧了一晚上。第二天该科研人员上班发现实验案板处有一团黑色的物质，他便拿去化验，结果惊喜地发现，这团黑色物质便是其苦苦寻觅的尼龙材料。正是科研人员的无心之举，意外中发现了目标材料，之后尼龙成为了现代化工的三大新兴材料。由此可见，国际大企业对于产品或材料的研发，尚且需要处理各种不确定因素，所以创业者在评估创业机会时，需要深入思考，对能达到的技术目标要有一定的了解和认识。

第二，新产品的批量化生产能否顺利进行存在不确定性。其主要原因是新产品在批量生产前，还需要技术的整合协调，进而最终敲定产品批量化生产的最终方案、制造的主要流程以及管理方案等。其中较为经典的案例，就是我国曾经有企业投入一笔很大资金发展镍氢电池，多年的潜心研究创造性地解决了新型储能材料的关键技术问题，但是由于其缺少必要的科研设备以及部分设备的核心技术等，结果在后期难以取得突破性的成果。因此，创业者在进行创业机会的选择时，需要全面科学地进行机会的评估，合理地规避产品批量化生产的风险。

2. 相关行业配套技术的不确定性

任何一家企业若想要真正实现批量化的生产，那么就需要具备与生产加工制造配套的技术，而该要素又是不确定的。我国投影仪企业的研制生产过程中就遭遇了该问题。当时我国的光学基础行业和工业化的配套能力较弱，企业在转向批量化生产时难以找到关键元器件的供应商，导致一些企业认为其研发的不仅仅是某产品，而是需要推动整个行业的发展和提升，如此责任感重压下的多数初创企业都选择了放弃。由此可知，初创企业若要较好地防范该类不确定因素所引发的风险，需要对其未来可能需要的部件、原材料以及设备等，尽可能翔实地做好调研，确定其是否可获得。

3. 财务风险防范

大部分初创企业新产品开发和市场研发的资金需求处于不确定状态，以及创业者依靠自身资源能否获得资金也是不确定的。

第一，新产品开发的实际资金需求是难以判定的。初创企业在进行相关技术问题考量的过程中容易出现较大的偏差，或是夸大地估计了资金需求，或是保守地计算了资金支持等。第二，新产品进行市场开发的资金需求也是不确定的。一旦企业成功地研发出了新的产品，其进行标准化批量化生产的资金需求也会相对清晰，但若是真正地将新产品推向市场，对于未来市场进行开拓的资金却会处于变化之中。多数企业进行市场拓展的途径主要依靠产品的市场宣传、促销推销等方式，但所投入资金的多少与所形成的效果并无显著的关系，其本身就是不确定的。

4. 团队成员风险防范

创业过程中创业者很可能遭遇“团队分化”的风险，进而导致创业团队的分崩离析，最终导致创业企业的失败退出。基于在创业活动中个体是实现创业的主体，并且个体存在一定的利益驱动倾向，因此创业团队的风险也是创业活动中的较大风险因素，起因主要包括：团队成员之间缺乏共同的价值观、利益或目标等所造成的团队风险。创业团队能够形成凝聚力的关键在于成员具有相对一致的价值驱动、共同的愿景、利益目标等，这些可以成为团队成员共同的行动准则。创业团队起步阶段很可能内部难以达成一致的价值观、未来发展愿景以及目标利益等，有可能在后续的创业活动中不断地磨合融合，但也可能因为这些差异化的意识因素造成创业团队的分裂，最终造成创业失败。

缺少核心领袖所造成的团队危机。创业活动的运行，需要核心人员担任团队的领袖，引领和凝聚团队力量进行创业活动。尽管领袖不一定是某项创业活动的“最初发起者”，也不一定是初创企业的最大股东，但应该肩负起团队的灵魂引导者的责任，凭借其实力特质等吸引优秀的员工靠拢，形成团队的凝聚力。当前较多的创业团队没有必要的引领人物作为企业的灵魂担当，容易导致企业遭遇决策分歧以及向心力涣散等问题。因此，创业者需要在团队组建之时进行灵魂人物的评估和设定，进而形成紧密的团队凝聚力。

本章小结

创业机会与创业风险总是相伴而行的。创业者应尽可能识别创业机会中可能蕴含的风险，并制定相应的风险防范措施，将有利于创业机会的价值最大化，从而实现创业目标。本章详细阐述了创业机会与创业风险的相关知识，包括创业机会概念与特征、创业机会的识别过程与技巧、创业机会的评估维度与准则、创业风险及规避路径等内容，以帮助创业者识别与评价创业机会，防范创业风险。

【课外实践】

以小组为单位，每组提出 5 个及以上的创业机会，与班级其他小组进行多种形式的交流，完善小组创业机会项目，最终按照可行性程度进行排序，并于下次课进行分享展示。

教学活动

活动 1　机会漫步

活动目的：

同学们经常苦于寻找创业机会，本练习可以让同学们思考如何挖掘周围的潜在创业机会。

活动过程：

1. 请每位同学准备好纸和笔，跟随老师到室外（如天气不允许，也可以在室内开阔场地）。全部集合后，让学生说出他看到了什么？

2. 请每位同学环顾四周，观察周围的一切事物，并尝试想出尽可能多的相关公司，并记录在纸上。注意进行“只剩一分钟”提示，鼓励赶快在最后一分钟想出更多的公司。回到教室，让学生数一数自己想出了多少个公司，评出想出最多的同学，给予一个小奖励。

3. 请每组派代表上台，把自己想到的公司写在黑板上。然后让其他同学思考与此相关以及提供支持的公司，进一步激发学生的创造力。

4. 请每组学生从他们的公司清单中选出一家公司，思考能让该项目发展得更好或与众不同的创意。让学生们不要受限于所认为的可行性，虽然有些技术他们还不了解，但应该试着想出更具创造性的创意。请 1～2 组同学分享他们的创意。

5. 请各组学生讨论新方法对潜在顾客的价值，然后想出技术上切实可行的能提供这种价值的各种方法。

6. 然后让学生思考新方法是否真正提供了顾客想要的价值，将如何改善人们的生活？并思考公司在社会中的作用。各组学生最终选择最适合的创意和方法，并向他人分享。

活动 2　风险投球

活动目的：

让学生通过活动体验和承担风险，并了解如何评估和预防风险。

活动道具：

篮子、3 个弹力球（或者一定重量的纸球）

活动过程：

1. 游戏准备

在教室合适位置放置篮子。确定投掷位，最远投掷位距离篮子为 3 米，在最远投掷位和篮子之间分 10 等距，每一个等距为一个投掷位，按照距离篮子远近标出投掷位分数，由近到远分别为 1～10 分。

2. 个人投球

游戏开始前，教师宣布游戏规则。每个参与者可以投掷 3 次，可以自行选择不同的投掷位投掷。请一个工作人员记录，依次记录每个投掷者的分值。当前一个学生投掷时，下一个学生负责捡球。

个人投球结束后讨论以下问题：

（1）得分较高的学生采用了哪些成功的做法？

（2）得分较低的学生有什么样的问题？

（3）得分居中的学生对于风险采用了什么方法应对?

（4）如果进行第二轮游戏，应该做什么样的调整来提高成绩?

3. 小组投球

将全班分组并告诉学生，每组有 3 分钟准备时间，有 6 次投掷机会，投球人员由各组自行决定，组员成绩累计为小组成绩。

小组投球结束后讨论以下问题：

（1）小组投球和个人投球有何不同?

（2）在商业情境下哪种游戏更真实?

（3）小组总成绩是否高于个人投球阶段成绩之和?

（4）思考创业过程中的目标值得去冒风险吗?怎样使风险最小化?为承担风险我们要准备什么?

第四章　创业计划书编写与展示

学习目标

1. 了解创业计划书的目的和用途；
2. 理解创业计划书的基本内容；
3. 掌握创业计划书的撰写要点；
4. 掌握创业计划书展示的方法。

案例导学

大学餐厅创业计划书

民以食为天，但在高校里，学校食堂的伙食一直被学生们抱怨，由于学校食堂普遍都是以大锅菜的方式做的，虽然价格较低但很少能真正让学生喜爱。如今，人们的生活水平不断提高，对于高校学生来说，健康营养、价格适中的饮食才是他们所需要的。因此，在学校附近办一个以学生为消费群体的餐厅是我想创业的目标。

我的创业梦想已经存在很长时间，对于餐厅的创建及其运行模式已经有所了解。

另外，资金的筹措、人员的聘用、地点的选择正在进行中。

（一）项目概况

（1）项目目的：在学校附近经营一个中西合璧、价格适中、品种多样，兼具休闲功能的餐厅。

（2）项目名称：樱兰餐厅。

（3）项目内容：提供早餐、午餐、晚餐、特色冷饮和休闲餐饮。

（4）开办地点：合肥大学城。

（5）经营宗旨：绿色食品，健康营养，价格公道，特色鲜明，服务学生。

（6）经营特色：

①早餐以浙江等地的南方小吃和本地小吃为主，品种多、口味全、营养丰富，使就餐者有多种选择。

②午餐和晚餐则有中西不同口味的菜式，且提供各种冷饮，如果汁、冰粥、刨冰、冰豆甜汤、冰冻咖啡、水果拼盘等。

③全天提供各色餐点、冷饮、热饮。

（7）经营理念：特色饮食，微笑服务。

（二）市场分析与餐厅定位

随着经济的不断发展、生活的不断进步，填饱肚子不再是人们对饮食的要求。人们现在追求的是绿色食品，干净卫生、有特色的餐饮，而本餐厅就是在此基础上开办的。

1. 大学食堂的优点与不足

众所周知，大学食堂的饭菜普遍价格低廉，但质量不高，仅仅解决了学生们的吃饱问题，因此，如果能有一家具备如下条件的餐厅出现，相信会受到学生们的欢迎：

(1)距学校很近；

(2)就餐环境干净卫生；

(3)饭菜可口，营养丰富。

(4)价格适中。

2. 中西合璧

高校学生经常接触西方文化，从而对西方的食物充满好奇，餐厅可以以中餐为主、西餐为辅，从而满足学生饮食的多样化需求。

3. 兼具休闲功能

合肥大学城是合肥高校集中的地方，人流量大，中餐厅多，但是专为学生提供休闲场所的餐厅并不多。因此，本餐厅除了提供中西餐以外，还通过提供各种冷热饮，合理安排餐厅布局，使其具备休闲功能。

4. 主要竞争对手——哈哈餐厅

成立时间：不详。

所在位置：合肥大学城。

优势：开办时间较长，有固定客流，午餐、晚餐有特色，人气较高。

主要经营项目：午餐为中餐，晚餐为西餐。

主要问题：餐厅长时间风格未作改变，饮食种类几乎没有变化，对消费者而言毫无新鲜感；因为生意较为火爆，整体价格有所上调，学生逐渐心生不满。

（三）开办流程

（1）筹措资金40万元。其中，家人资助30万元，贷款10万元。

（2）租用场地，签订租赁合同。

（3）装修餐厅，装修风格应简朴、自然，并富有现代气息。墙壁采用偏淡的温色调，厨房布置合理精致，采光性好，整体感观介于家庭厨房与酒店厨房之间。

（4）采购厨房设备、桌椅、碗筷等餐饮用品。

（5）申办营业执照、卫生许可证、物价审批、环保审批、消防审批、市容审批。酒类经营许可证、烟草专卖证、税务登记证等。

（6）刻章、到银行开户。

（7）聘用中西餐厨师、杂工等，签订合同。

（8）联系原材料供应商，签订合作合同。

（9）聘用勤工俭学的学生为服务员，谈好薪资、工作时间、工作内容，签订劳动合同。

（10）在各高校进行宣传，正式开张营业。

（四）营销策略

1. 开业初期营销策略

（1）通过资助大学生的一些活动，在各高校广为宣传，宣传的重点如下：

①菜品丰富，口味独到，味道鲜美，让您流连忘返。

②绿色食品，营养丰富，纯天然，无污染。

③中西合璧，提供精致的中西餐。

④提供丰富的冷热饮，免费提供茶水。

⑤环境优雅，干净卫生，适合休闲。

⑥好吃不贵，价格公道。

⑦提供外卖，送餐到床前。

⑧微笑服务，让您宾至如归。

（2）通过菜品打折、推出特价菜、赠送饮料等优惠措施吸引学生前来就餐。

2. 开业后营销策略

（1）不定期推出特色菜品，让顾客常吃常新，从而不断刺激顾客的消费欲。

（2）在情人节、劳动节、国庆节、圣诞节等节假日开展针对性的促销。例如，在情人节推出优惠价情人套餐；在圣诞节推出优惠价西餐等。

（3）以优惠价帮助学生举办生日宴、班级宴等。

（4）逐步积累出若干招牌菜，让它们成为餐厅的名片。

（5）密切关注学生的消费动态，如学生的口味变化、消费习惯变化等。使餐厅能紧跟时代潮流。

（6）密切关注各学校的动态，从而不断找一些包餐、送餐机会。

3. 微笑服务，真诚到永远

餐饮属服务性行业，因此，良好的服务态度至关重要。本餐厅推崇微笑服务，作为餐厅的一员，不管是餐厅管理者，还是服务员，对顾客均需要微笑服务，真诚待人。

通过培训、搞活动、评选优秀员工等，让员工树立主人翁意识，做到服务热情、主动、有亲和力，把餐厅的事当作自己的事，从而时刻注意维护餐厅的形象。

4. 暑假与寒假的处理

暑假期间虽然客源会骤降，但毕竟还有部分的留校学生、附近居民及打工人员前来就餐，届时可采取减少生产量、转移服务重点等方式改善暑期的经营状况。寒假期间可考虑停业一个月，以减少不必要的成本支出。

（五）岗位职责

1. 餐饮经营者职责

（1）拥有餐厅的决策权，对餐厅成员有聘用和解雇的权力。

（2）确定餐厅员工的薪资，安排员工的休假时间。

（3）监督员工的工作态度，有奖有惩。

（4）奖励员工爱岗敬业，使整个团队充满活力。

（5）收集顾客的反馈意见，不断改进菜品质量，增强菜品特色；不断改进员工的服务态度，强化员工的服务意识；不断改进餐厅的经营管理方式，使餐厅保持活力、凝聚力和向心力。

（6）管理餐厅财产，掌握和控制好各种物品的使用情况。

（7）及时处理经营过程中出现的各种问题。

2. 中餐厨师职责

（1）制作每日早餐、午餐和晚餐。

（2）遵守作息时间，准时开餐，不擅离职守，不得无故罢工。

（3）遵守安全操作流程，合理使用原材料，节约水、电、燃气等消耗。

（4）上班时穿厨师专用服，注意个人卫生，在工作时间不抽烟，安全烹饪。

（5）努力制作特色饮食。

3. 西餐厨师职责

与中餐厅厨师职责相同。

4. 服务生（3人）职责

（1）微笑服务，礼貌待人。

（2）每日营业前整理好桌椅、餐布，搞好餐厅卫生，准备好各种用品，确保餐厅正常营业。

（3）客人到时及时安排客人入座，主动介绍本餐厅的特色饮食。

（4）对客人礼貌，客人的非私人问题有问必答。随时留意客人情况，为客人提供周到的服务。

（5）工作中遇到自己不能解决的问题，及时向餐厅管理者汇报，请其帮忙解决。

（6）客人离开后，注意是否有遗留物，若有，速交柜台，然后迅速整理餐桌，做好下一批客人到来之前的准备。

（7）下班前检查工作区域是否关灯、关窗，电源是否切断，确保餐厅安全。

（8）与同事建立良好关系，互相帮助，遵守餐厅规章制度。

此外，餐厅中还有采购、洗菜、切菜、配菜、杂务等人员。

（六）市场进程及目标

1. 半年

慢慢吸引顾客前来就餐，努力在半年内收回初期投资。提升知名度、美誉度。积极进行市场调研，努力开发新的饮食产品，为餐厅的进一步发展积蓄资本。

2. 两年

进一步健全餐厅经营管理制度，确定自己的特色菜及特色服务，相继推出各类活动，使固定顾客人数进一步增加，餐厅运营步入稳定良好状态。

3. 五年

经营稳定后，可以考虑扩大经营，如扩大餐厅的面积、寻找新的经营场所做连锁经营等，并慢慢打造自己的品牌，向专为学生提供饮食的餐饮企业发展。

（七）财务计划

1. 现金流量表

（1）初始阶段的成本主要包括：3个月房租与1个月押金80000元（20000元/月），房屋装修费80000元，厨房用具及就餐桌椅等购置费80000元。

（2）运营阶段的成本主要包括：员工工资、原料采购费、房租、税费、水电燃气费、杂项开支等，据估算每月需支出63000元。

（3）将剩余资金作为预备金，以应付开业时客人较少的情况和其他突发情况。

2. 预计损益表（主营业务收入）

根据调查，可大致估算出每日营业额约为3000元，按纯收益率30%计算，每日纯利润约为900元，则每月纯利润约为27000元。由此可计算出投资回收期约为6个月。

（八）风险及对策

1. 资金方面

为防止资金回收较慢、资金链发生断裂，需要留有一定的备用金。

2. 资源方面

本餐厅的原料主要以果蔬、豆类、菌类为主，是当今最受欢迎的绿色天然无污染食品，尤其是本餐厅以绿色食品为主，因此，要与原材料供应商建立长期友好的合作关系。

3. 经营方面

餐厅长时间经营下来，顾客会对餐厅的饮食感到厌倦，对餐厅风格的一成不变感到无趣，为此，要适时地改变菜式和餐厅的风格。

4. 管理方面

（1）为防止厨师被挖走，餐厅管理者需对餐厅的特色菜有一定的了解，并及时聘请其他厨师开发其他特色菜。

（2）应与厨师和服务员建立良好关系，尽可能给予较高的报酬，适时听取他们的意见，不断改进自己的管理方式。

（资料来源：刘辉、李强、王秀艳：《大学生创新创业教程》，上海，上海交通大学出版社，2016）

课堂思考：

创业计划书目的和用途是什么？它应该包括哪些内容？

第一节
创业计划书的目的和用途

微视频 4-1 创业计划书的目的和用途

创业计划书是创业计划的书面形式，是开展创业活动的指导性文件，是创建新企业的行动方案和行动指南。一般来说，创业计划书可以客观归纳梳理当前的事实、数据和资料，有效避免创业者的主观臆测，为创业者描述未来发展的蓝图。同时，因为创业计划书涵盖了创业实践中的多数内容，一份经过系统完善的创业计划书也可以帮助创业者更准确、更有条理地分析创业行为是否有效。

一、创业计划书的目的

创业计划书的设计和撰写是一项细致严谨的工作，可以使创业者系统地思考创业行为，帮助创业团队了解创业过程，为获得融资打下基础。具体来说，创业计划书有以下三个目的。

（一）帮助创业者理清创业思路，明确创业目的

对于部分创业者来说，创业可能只是一腔热血，没有进行系统的梳理，也不清楚创业的目的。而创业本身是充满不确定性的，如果不能很好地梳理创业逻辑，制订创业计划，想要获得成功是很难的。因此，创业计划书的首要目的是给创业者自己看的。创业者要对现有资源、自身认知、行业发展、市场行情、团队组成以及未来规划等

信息进行整合，从而开展详细认真的分析，以理清创业思路，进一步明确创业目的，形成相对完整的创业计划书。

在创业计划书撰写的过程中，创业者也可以逐步明晰在资金准备、风险规避和项目发展等方面的问题。经过对创业计划书的打磨，很多原本不是很清晰的问题或者不是很成熟的想法会被反复的推敲，从而能够让创业者对创业过程的核心问题做更深入的探索和研究。

（二）帮助创业团队把握创业方向，科学有效管理

创业不是一个人的创业，一份好的创业计划书不仅可能增强创业者的信心，也能够帮助团队整体把握创业方向。创业计划书编写的过程，往往需要耗费大量的时间开展市场调研、数据统计等工作，团队成员也需要对企业未来发展的各个方面进行全面系统的考量，在此过程中需要整个团队密切地沟通交流，从而在一些重要的问题上达成相对一致的目标。因此，一份优质的创业计划书必然是和整个创业团队息息相关的，是创业团队沟通协作和凝聚力集中的体现。

同时，创业计划书也是吸引人才的有效工具。因为创业计划书让创业的整个过程都能清晰明了，为计划加入团队的成员展示了发展蓝图和优质团队，很容易让他们在团队中找到自己的定位、明确自己的工作内容，更有效地把自己的发展规划和企业的发展规划结合在一起，从而达到科学有效管理团队的目的。

（三）帮助创业者宣传推广项目，获得创业融资

创业计划书除了给自己看和给团队看之外，最不可或缺的一个读者是投资者。创业计划书的诸多必备要素使它本身就可以成为一种宣传推广的工具，可以让包括投资者在内的资本市场高效地把握创业项目，全方位地开展项目可行性评估。因此，一份数据准确可靠、内容完整翔实、逻辑清晰严密、包装精美大方的创业计划书也是企业获得创业融资的敲门砖，将为企业获得与投资人进一步沟通的机会，为企业更好发展提供更多的可能。

二、创业计划书的用途

创业计划书是指导创业行动的纲领性文件，具有很强的商业价值和指导意义，一份完整的创业计划书一般有以下几个用途。

（一）指导创业行动

创业计划书能够指导创业者把创业想法变成切实可行的创业行动规范，具有战略

高度和实践意义，是创业者和创业团队集体智慧的结晶和决策的重要工具。创业计划书的形成过程运用了大量科学有效的方法，是一个极为复杂的系统性工程，是对创业项目进行全局的思考、研究和探索的书面表现形式。因此，创业计划书在对企业形成和发展、行业发展情况、市场分析研究以及商业模式探索等方面都具有指导作用。同时，创业计划书还对包括政策环境、风险预测和解决、竞争分析等方面做了详细介绍，把企业发展遇到的诸多问题做了系统的阐述，让创业者对创业行为更有把握。

（二）推动企业创新

创业计划书的形成过程也是创业者进行创业资源整合重组和高效利用的过程。创业计划书除了可以帮助创业者明确创业目标、少走弯路之外，在资源整合分析的过程中往往也可以给创业者提供新的发展思路，帮助推动企业在产品、理念或者技术等方面的创新。创业计划书想要完整地体现创业项目的特点，就需要创业者和创业团队有敏锐的洞察力，在编写的过程中注意整合关键要素，及时发掘创业项目中的创新点，将创新的理念、方法或者技术用流畅清晰的语言表述出来，从而达到推动企业发展和创新的作用。

（三）帮助客观评价

创业的想法可以是主观的，甚至是天马行空的，但是创业的行动应当是脚踏实地的，有章可循的。有的创业者习惯于用“唯一”“史无前例”“我觉得”“我认为”类似的主观的表达，但又缺乏科学可靠的数据支撑，往往很难有说服力。想要完成一份可操作性强、可信度高的创业计划书，创业者要学会用客观质朴的语言描述创业项目，尽可能客观准确地评价创业行为和创业过程。因此，创业计划书往往需要加入大量的数据分析、权威的信息依据和真实可信的文献素材，以增强创业计划书的客观性和可靠性。

（四）保障系统思考

创业计划书作为一份完整展现创业项目的文件，系统全面是最基本的保障。创业计划书在展示创业过程的时候，要有清晰准确的思路、严密的内在逻辑和系统的思考。创业者要善于从全局的视角对创业项目进行全面系统的诊断，从纷繁复杂的信息中心筛选出重要的、有价值的信息，整合出关键的要素和环节，再把与创业项目相关的要素展开分析论证，进行有条理有逻辑有依据的阐释，这样才能保证创业计划书中提出的主要观点、关键内容和重要结论有参考价值。

（五）推动提升价值

创业计划书本身的实践性和可操作性，让它本身就有特别的价值，也就要求创业者制定的过程中用详细的方法和行动对创业项目进行描述，从而凸显出其在实践过程中的商业属性。此外，创业计划书真实地呈现了创业项目如何落地发展、如何盈利等重要问题，使创业者对创业项目的价值和未来发展的预期进一步明确，大大提升创业者对成本、收入等概念的认知，有效提升创业项目的商业价值。

（六）帮助获得支持

创业的过程除了创业团队的携手奋进外，外部的帮助也不可或缺。一份好的创业计划书在获得外部支持方面优势也是全方位的。具体来说，一是可以把创业者和创业团队本身的特点和能力通过文本的形式呈现出来，帮助创业者更高效地获得融资；二是可以凭借对发展规划的完整展现寻找到与国家和地方发展的契合点，收获企业成长所需要的政策支持；三是通过对发展方向和需求的精准描述，可以帮助创业者寻找到更多可靠的商业合作和共赢的机会。

|拓展阅读|

周鸿祎、徐小平谈天使投资：创业者要懂得说人话

8月24日，360公司董事长的《周鸿祎自述：我的互联网方法论》新书发布会在北京举行。大量媒体与嘉宾出席本次活动，只为一睹“互联网思维第一书”的庐山真面目。在下午的论坛环节，周鸿祎与真格基金创始人徐小平给创业者提出了一些中肯的建议，其中周鸿祎特别强调，创业者要懂得说人话，很多创业者弄出一堆模式，搞出一堆术语，想依靠这些打动投资人是非常困难的。徐小平对周鸿祎的话表示认同：“我们的很多创业者连鬼话都不会说。我在现场挑战下大家，请大家回答我一个问题，什么是互联网思维？你一句话说清楚，真的要一句话，你也可以用50个字，80个字。不管别人能不能说出来，反正我是说不出来，如果有人能说出来，我就在微博里给你发出去。”

对此周鸿祎的答复是：“这对我都是个挑战，我一句话说不出来，所以我写了本书。”两人之间的精彩对话惹得现场笑声阵阵，观众为二人的机智响起了热烈的掌声。

经过一段插科打诨后，徐小平将谈话引入正题：“我现在讲讲我们投资的标准，许多人带着商业计划书，带着商业方法模式来找我，坐下聊了五六分钟，我在心里就有了判断：投还是不投，这与创业者所说的话有很大的关系。”

徐小平随后举例说：“假设有人来找我，要用互联网产品做一个传统产业，我跟他聊聊，十几分钟以后我决定投他了，他做互联网。然后有一个人做传统行业，我要和人签合同，但和他再聊了1小时以后，我又决定不投他了。因为他在说话的时候，对这个社会、对世界有一些负面的情绪，说到什么问题的时候都是别人不好。真正的创业者对世界的任何问题永远是乐观的，从黑暗中，我能够看到光明，乌云再怎么浓密，我能看到边上镶着银边，当你看到月亮的黑暗面的时候，你会想到它必然圆起来。”

周鸿祎则对现在创业者的一些思维方式表露出自己的担忧，人们觉得创业就是要特别有激情，表现自己的个性张扬。但实际上创业者不缺激情，反而有些激情过剩。周鸿祎指出：“我不太喜欢讲大理论，因为很多人上来就给我上课，讲国际宏观形势，讲国内革命形势，讲O2O如何流行，结果听了半天我却连你干什么的都不知道。”

所以周鸿祎一直倡导创业者要说人话：“很多创业者都说老周我的商业计划书写不到一个高度，其实我当年也陷入这种悖论，老把创业计划书写得特别的晦涩，特别的高深，还用了很多名词。但这些都不如踏踏实实地跟投资人说我这个产品是干什么的，解决什么问题，这是我判断的一个标准。如果碰上谈10分钟谈概念，我都听不懂他在说什么的，我就一概排除掉了。”

徐小平补充说，创业者在写商业计划书的时候，不要写国际国内的大势，就写你是谁，做过什么，你的团队是什么人，充其量有两页纸就够了。第二页就是要做什么，然后用人的语言说出来，这就叫做简单易懂。

（资料来源：中国日报网，2014-08-25）

第二节
创业计划书的撰写

微视频4-2 创业计划书的撰写

创业计划书的撰写是一个相当复杂和烦琐的系统工程，需要创业者按照一定的逻辑，对包括行业发展情况、市场调研分析、产品服务定位等进行充分的研究分析，形成相对完整的书面材料。这就创业者不仅要具备调查研究和论证分析的能力，还要有良好的文字表达能力。

一、创业计划书的基本内容

一般来说，创业计划书没有绝对固定的形式，对象、侧重点或者行业以及项目内容的不同都会造成创业计划书的差异。但是无论哪种创业计划书，撰写的过程都需要建立在科学设定和论证基础上，都需要遵循一定的逻辑和要求。一般来说，创业计划书的内容包括：封面、目录、执行概要、企业介绍、产品服务、市场分析、管理团队、营销计划、财务分析、风险分析和附录。

（一）封面

封面是创业计划书的门面，可以体现出创业者的气质和巧思。创业计划书的封面要包含最主要的基础信息，能够用简单的图文突出创业项目特色和关键要素，同时要注意表达内容的准确，要有一定的审美要求。一般来讲，封面需要包括公司名称、创业项目名称、公司 Logo、地址、主要联系人和联系方式等。根据实际情况，也可以呈现包括公司的联系方式、所在城市、网站、邮箱、传真、日期等信息。

（二）目录

目录一般紧跟着封面呈现，目的是为了读者清晰地把握创业计划书的框架结构，准确地查找信息。目录包括创业计划书的章、节和对应的页码，要求做到规范、准确和清晰。一般来说，目录多为自动生成，要做到反复核对，校验准确，避免出现页码混乱等情况。

（三）执行概要

执行概要是创业计划书正文的第一部分内容，是对整个创业计划书高度的浓缩和概括，是创业计划书的核心内容，对这个创业计划书起到提纲挈领的作用。执行概要的撰写目的是要让读者在短时间里把握创业项目全貌，产生对继续了解项目的兴趣。因此，撰写这个部分的内容一般需要在正文其他内容都基本确认后，再根据实际需要，对每章核心内容进行提炼概括，注重在文字上的精简和推敲，从而最大程度上完整准确地表达项目内容。

要注意的是，执行概要的内容一般不易超过两页，但是要包括整个创业计划的内容，在顺序上也需要保持一致。同时，根据创业计划书的目的不同，也可以在执行概要中有所侧重地进行表达，如为了吸引投资的，可以把优势和需要的资金数量等具体呈现，以便投资者关注。

| 拓展阅读 |

执行概要的关键问题

鉴于执行概要在创业计划书中的重要地位，概要一定要简明生动、精练贴切，不用面面俱到。可以试想一下，如果投资者在概要中没有发现闪光点，创业计划书就有可能是一叠废纸，扮演不了帮助创业者融资成功的角色；而概要部分应提纲挈领，能吸引人继续读下去，同时让创业者有希望成功融资。一般来讲，写概要时可围绕以下关键问题进行展开。

第一组问题：

你的创意由来和存在的理由是什么？

你的理念是什么？

你能准确客观地描述你的目标市场吗？你了解它们吗？

你能给你的目标客户带来什么价值？他们为什么接受？

你预计市场占有份额和增长率会是多少？

你最大的竞争者是谁？你怎么办？

你需要多少投资？

第二组问题：

你预计需要多少融资？怎么安排资金？

销售额、成本及利润情况如何？

你会使用何种分销渠道？

你的核心能力是什么？

盈亏平衡点的时间是什么时候？

你有专利吗？如何保护它？

第三组问题：

你的团队能胜任吗？为什么？

你将如何分工？

你有行动时间安排表吗？列举行动计划。

为什么你是创业带头人？你能胜任吗？

（四）企业介绍

创业计划书中的企业介绍是为了向读者展示创业企业的基本情况和背景信息。企业介绍的撰写要求创业者要以事实为依据，内容要真实可靠，可以有所侧重地突出企业的优势和特点，但切忌随意夸大或者吹嘘。撰写过程中，可以灵活运用图片、表格、报道材料等形式充分展示企业形象、突出企业理念、体现企业发展趋势，从而引起投资者的关注。从内容上看，企业介绍一般包括：企业名称和理念、Logo 的含义、企业发展情况、商业模式、企业发展战略等。

（五）产品服务

产品服务的介绍是创业计划书中的重要内容，撰写的过程中要注意对产品或服务准确描述，重点展示企业重要产品或者服务的特点和特色。一般来说，对主要产品或服务的描述一般需要解决四个主要的问题：第一，是什么？即要对产品或者服务的名称、概念进行细致的说明；第二，有什么特点？即要说明产品或者服务主要的特色，也可以通过对比的方式展开阐释，一般需要客观地分析产品或者服务的优缺点；第三，有什么用？即要表达出产品或者服务的主要功能、适用的范围或者群体，也可以说明解决了哪些问题等；第四，怎么定价？即要说明产品或者服务的定价方式和定价依据，也可以说明产品或服务的成本结构等。

（六）市场分析

市场分析是企业生存和发展的基础，是考验创业者对企业生存的外部环境的了解和把握程度。市场分析在创业计划书的撰写过程中属于比较困难的部分，也是非常重要的一个环节。要想呈现完整的市场分析，创业者首先要对市场有敏锐的判断力，还要进行大量充分的调研，同时还要重视调研方法的科学性和数据采集的准确性等一系列关键问题。市场分析在内容上可以包括：细分市场调研和分析、目标客户分析、市场规模和发展趋势、竞争企业分析、市场规模和特征等。

行业分析也是创业计划书写作过程的重要组成部分。相比于市场分析，行业分析包含的内容更多、范围更大，撰写的难度也更大。从内容上，行业分析一般有三个层面的内容：第一，宏观层面。就是要根据项目的规模和发展情况，从国家乃至世界政治、经济、文化等方面进行整体的描述和介绍。 第二，中观层面。就是要根据创业项目所在的具体行业，从行业背景、发展情况、行业竞争等维度进行分析。 第三，微观层面。这里在某种程度上和市场分析比较类似，就是要着眼于实力相当的同行业的竞争对手，突出强调分析自身的优势。

（七）管理团队

创业计划书中的团队介绍往往是投资者最关注的内容，因为一个优质的管理团队是项目运行的基础。撰写管理团队部分内容时，要注意图文结合、突出亮点，要注意展示管理团队的成员结构，展示管理团队的凝聚力和战斗力，展示团队成员的优势和特点，要把跟创业项目相关的有关工作经历进行整理呈现，同时还要对考核制度和薪酬体系等进行介绍说明。

一般而言，管理团队部分的内容撰写主要包括：团队成员概述、组织结构、核心成员介绍、考核和奖惩制度、人才引进机制等。

（八）营销计划

营销计划主要是要讲清楚企业如何通过各种营销手段达到预期的销售目标。对投资者来说，营销计划是展示企业进入市场的能力，展现企业对营销战略的把握水平。在撰写这部分内容时，创业者可以采用 4P 理论，围绕产品的特点、定价策略、渠道选择和促销方案四个维度制定详细的营销方案。当然，除了展示创业者对于市场的把握能力外，还可以通过典型案例的描述展示企业在应对不同场景的营销活动时灵活采取的有效策略，以此吸引投资者的目光。

从内容上看，营销计划的撰写可以包括：销售目标、营销策略、定价策略、营销机构和营销人员安排、分销渠道和促销策略等。

（九）财务分析

财务分析是创业计划中带有时间维度、具有相当技术含量，关系评估企业生存能力的重要内容。从时间维度上，财务数据可以是过往企业筹备或者成立初期保留下来的，也可以是当下企业经营过程中即时产生的，也可以是通过科学的预测分析得出的；从技术层面上看，财务分析是一项需要具备相当专业能力的工作，同时也需要消耗大量的时间和精力，因此需要具备较强的专业知识；从企业发展角度看，财务分析可以帮助创业者准确判断当前的财务状况、科学预估创业风险、增强抗风险能力、提高获得收益的能力，对企业发展起到至关重要的作用。

财务分析的内容首先要有历史财务数据，一般包括过去三年的资产负债表、现金流量表、损益表以及财务状况分析的相关数据。同时，也要有未来三到五年的财务规划，包括生产运营费用、研发计划、收入情况、财务数据预测等以财务报表的行程呈现。再者是融资和退出的相关问题，包括融资金额、融资成本、融资需求和方式、担保条件、投资收益、退出通道和机制等。

（十）风险分析

创业的过程也是对抗风险的过程。在撰写风险应对章节内容时，创业者首先需要了解创业风险包含哪些内容以及创业风险的基本分类方法。此外，对于创业过程中面临的各种风险，创业者需要保持理性客观、实事求是的态度。也就是说，创业者需要正视不同的风险对创业过程带来的不利影响，同时应当提出切实可行的风险应对措施或者防范策略。常见的风险包括政治风险、政策风险、市场风险、技术风险、财务风险、管理风险、竞争风险等。

（十一）附录

附录是创业计划书正文的有效补充，一般是将不易直接放在正文部分的内容按照一定的条理以附件的形式统一放在创业计划书的末尾。附录的内容多样，具体来说可以包括企业的营业执照、产品的详细说明、各类财务数据或者报表、团队成员的简历或者相关介绍材料、专利或者证书的证明材料、有关获奖材料或者新闻报道材料、调查问卷或者数据分析等。

二、创业计划书撰写的原则

一份重点突出、结构完备、内容翔实、逻辑严密的创业计划书能帮助创业者和创业团队准确地分析企业优势劣势、科学衡量创业过程，从而获得投资人的关注和青睐。创业计划书在目的和用途上有所差异，在框架结构上也有所不同，但是一份好的创业计划书在撰写原则上几乎是一致的，创业者在撰写创业计划书时都需要注意基本的原则。

（一）真实性原则

真实可靠是创业计划书的基础。要想撰写一份高质量的创业计划书，创业者需要进行大量的内容选择、信息筛选和数据处理工作，同时要结合充分的市场调研，要客观真实地呈现关键信息。

一份创业计划书要想吸引人，客观真实是必备的要素。创业者要立足实际、实事求是，不可过分乐观地夸大陈述，也不可仅仅凭借主观思维盲目判断。因此，创业者在撰写创业计划书的过程中需要保证问卷信息采集的真实科学、市场数据来源的真实可靠、财务报表的数据真实可信，以此才能让创业计划书更有现实参考价值。

（二）精简性原则

创业计划书重在要用通俗易懂的话讲清楚跟主题有关的内容，传递准确的信息，要求撰写者能准确把握创业故事的重点和要点，用尽可能简洁的语言、凝练的表达把创业故事表达清楚，向读者呈现清晰完整又吸引人的故事。

值得注意的是，有的项目中往往会运用到前沿技术，或者包含复杂的专业术语和表达，这里就要求撰写者在准确把握内容的同时，又要尽可能用相对朴实的语言进行表达，一味地追求高深可能会错失很多机会。

（三）规范性原则

创业计划书是体现创业计划的规范性文本，一份装订精致、排版精美、表达规范的创业计划书往往能获得更多的机会。撰写者要重视创业计划书的封面设计工作，提升审美水平，用精致大方、重点突出又富有设计感的封面吸引投资者进一步关注创业项目。

同时，规范性原则还要求撰写者要确保创业计划书的框架合理、内容完整，涉及的图表等信息数据和来源要清晰，排版要合理，在不影响正常阅读的前提下，还要给人以美观整洁的感受。

（四）一致性原则

创业计划书的撰写工作往往是由多人合作完成的，除了要保证创业计划书内容完整且不重复外，也要特别需要注意前后数据信息、文字表达以及逻辑关系的一致性。试想，当投资者看到一份文字风格多变，数据信息前后偏差，甚至逻辑混乱的创业计划书时会是怎样的心情。

因此，一般而言，创业计划书的撰写需要进行整体统稿和校验工作，为的是保证创业计划书整体逻辑严密、结构严谨、文字表达基本统一、数据信息前后一致，预设和假设相呼应。

（五）市场性原则

市场性是创业计划书的根本属性。创业计划书的撰写要基于对市场的调查分析，要坚持以市场为导向，要明确指出企业的市场机会和竞争威胁，要充分显示出对市场现状的分析能力和对未来发展的预测能力。

创业者需要明确，创业是一个动态发展的过程，面对市场的不确定性，在确保真实性的基础上，创业计划书的撰写也需要充分认识到市场需求变化对创业活动的影响，无论是创业实践还是创业计划书的撰写过程都要遵循一定的市场规律。

（六）可操作性原则

创业计划本身就是对未来发展的预测，而创业计划书就是指导这种预测的规范性文本。因此，创业计划书的撰写需要强调可操作性和易实践性。创业者在撰写创业计划书的过程中要注意对包括信息采集处理、资源整合利用、商业模式分析等具体问题提出明确的观点和易于操作的方法。

同时，创业计划书的可操作性和易实践性也强调，撰写者要根据实际情况，对创业计划书进行动态修订，既要保证创业计划书在整体上保持相对一致，又要能够及时完善并解决实际问题。

三、创业计划书撰写的技巧

在掌握了创业计划书撰写的内容和原则后，创业者还需要了解创业计划书撰写的技巧，从而进一步提升创业计划书撰写的本领，让创业计划书更具吸引力和现实意义。

（一）大量阅读，获取经验

对大多数初创企业的创业者而言，缺乏创业计划书的撰写经验，有的甚至没有仔细阅读过几份完整的创业计划书，因此，阅读优秀的创业计划书是提升创业计划书撰写能力最直接、最有效的一种方法。

大量阅读研究优秀的创业计划书不仅可以帮助创业者加深对创业计划书框架、基本内容的了解和进一步认识，而且有助于创业者更直观地把握创业计划书传递关键信息的方式，同时也能让创业者学习语言表达的基本技巧，并在阅读的过程中寻找到撰写的灵感和思路。

（二）直奔主题，突出重点

创业计划书是指导创业实践的工具，撰写的时候应当注重语言表达的简洁得当，避免长篇大论或者辞藻堆砌，要注意控制整体的篇幅，不宜过长。一般而言，一份优秀的创业计划书会控制在 40 页以内。为了保证在单位的篇幅内准确全面地传递信息，创业者在撰写的时候就要直奔主题，避免陈述与主题无关的内容。创业者可以尝试多采用图表的形式突出重点，呈现关键信息，从而减少烦琐的文字表述。

（三）信息准确，实事求是

创业计划书中涉及大量的数据和统计信息，在资料收集和数据整理的过程中，要力求全面、客观、真实，避免只收集对创业项目有利的信息，故意忽略或者舍去不利的信息。信息准确一方面对创业者而言，有助于更客观准确地判断创业实践过程，避免盲目自信造成不可挽回的损失；另一方面对投资者而言，是衡量创业者以及创业项目是否可靠的必备要素，经验丰富的投资者可以轻易地发现数据及信息漏洞，从而影响其对创业者和创业项目的评价。

（四）条理清晰，逻辑严密

条理清晰、结构完整、逻辑严密的创业计划书更能引起投资者的注意，其展现的创业者严谨务实的态度和作风，往往也是获得成功的关键要素。创业者要重视创业计划书的整体布局，一般不建议使用或者照搬固定的模板，而要根据阅读对象的不同对创业计划书进行动态调整，以方便阅读对象迅速地找到感兴趣的内容或者关键信息，达到更好的阅读体验。

（五）注意细节，包装适度

细节决定成败。注重创业计划书的细节，展现出创业者的用心和真诚的态度，可提升投资者对创业者本身的好感。创业者要关注创业计划书外观、装订和文本的呈现，一般要少用浮夸的图片和过于艳丽的色彩，注意包括字体大小、样式、颜色以及段落行间距在内的文本的统一性。当然，创业者也可以展示自己的巧思，比如在不影响阅读体验的前提下设计每页的样式，在页眉页脚处做细节处理等，给阅读者留下眼前一亮的好印象。

（六）规范专业，反复修正

创业计划书的撰写需要遵循基本的写作和文字表达的规范，同时也要根据章节内容的不同遵循对应的规范和基本要求，从而提升创业计划书的专业性。比如在撰写过程中，要尽量避免使用“我”“你”“你们”“我认为”等这类表达，建议采用第三人称的视角阐述问题，以数据作为说理的支撑，避免主观表达。

同时，一份优秀的创业计划还应该是反复完善的结果。尤其对于初创企业的创业者来说，受专业知识和市场认识等方面的限制，很难发现创业计划书中存在的问题。因此，创业者需要积极地寻找到外部资源，让本行业或者相关领域经验丰富的专家对创业计划书的内容提出修改和完善的建议，以此达到提升创业计划书层次的目的。

四、创业计划书的检查

创业计划书要准确回答投资者的疑问，争取投资者对创业企业的信心，因此，在创业计划书编写完成后，可以从以下几个方面对创业计划书进行检查：

（1）检查创业计划书逻辑是否清晰，论据是否充分，表达是否通俗易懂，语法是否正确，用词是否恰当。

（2）是否备有索引和目录，以便投资者可以较容易地查阅各个章节。

（3）是否编写了摘要并放在了最前面。如果已编写，检查摘要是否写得简明扼要、引人入胜。

（4）是否显示出你具有管理公司的经验。否则，一定要明确地说明你已经找了一位经营大师来管理你的公司。

（5）是否显示了你有能力偿还借款，从而增强投资者的信心。

（6）是否显示出你已进行过完整的市场分析，要让投资者坚信你在计划书中阐明的产品需求是真实的。

（7）能否打消投资者对产品或服务的疑虑。如果需要，可以准备一件产品模型。

| 拓展阅读 |

大学生创业计划书中的常见问题

或许是大学生缺乏实际训练，或许是创业设想还很不成熟，大学生创业计划书中普遍存在一些问题。这里列举一些常见的问题，供准备创业的大学生参考。

（1）主题不够鲜明集中，想法很多，但是不善于收敛，或许是发散性思维使用很顺手，一旦需要按照可行性方向加以评价和收缩时，就有点难以取舍了。

（2）筹资方案不明确，不知道从哪里得到必需的资金，很多情况下就是创业团队自己“凑份子”，这些资金的来源和规模使人缺乏信心，因为大学生自己也没有钱，而为了创业需要家庭赞助，在现实的中国几乎也是不可能的。

（3）财务分析能力非常薄弱，在计算成本中考虑得不够全面，有关税费、财务费用及人工物料等成本要么漏算，要么抠门到不太现实的地步，而在预期收益上却不考虑完全可能的风险，在非常理想的情况下设想收益的丰饶和稳定，结果计算出来的收益率肯定是高于市场的实际水平。

（4）在生产、销售等环节的程序控制和枝节管理等几乎完全没有考虑，以为这些常规性的工作不需要这些高手去应对，或者创业者们不屑于这些细枝末节，给人的印象是只要策划做好了，所有的常规运行就可以放心大胆地撒手，不管不问。

（5）创业组织的结构、体制构想不明晰，有点像是无限连带责任的合伙制，但是也没有从法律上加以明确说明。多少有点哥们义气，在彼此信赖的基础上白手起家，对于长远发展过程中必然遭遇的产权明晰、责任划分等问题不予考虑。

（6）在项目设计上浪漫色彩偏重，一些看似亮丽实质无谓的品牌包装、形象设计不舍得删改，项目名称和标志很难联想到所在行业和市场定位，让人感觉晦涩、牵强。

（资料来源：瞧这网）

第三节 创业计划的推介

微视频 4-3 创业计划的推介

创业计划书撰写完成后，创业者接下来要考虑的问题就是如何把创业计划推介给投资者。创业者可以借助 PPT、思维导图和视频等方式，结合路演的形式，全面完整地呈现出创业计划书的亮点和特色。创业者需要结合创业项目的特点和自身的优势，精心准备路演内容，反复地进行模拟演练，为的是能获得更好的呈现效果。

一、创业计划路演的准备

路演原本是指在马路边进行的演示活动，现在多指在公开场所进行的演说、产品演示、理念推介等。一次好的路演就是一次很好的宣传展示的机会，可以帮助创业者将创业理念、创业想法传递出去，获得与投资者更多的交流机会。

（一）重视听众分析

所有演讲都要把故事或者观点传递给听众，让听众接受你的观点、想法和情感，或者达成某种共识。因此，对路演而言，成功的关键是要对听众有足够的重视和了解。重视听众分析首先要了解听众的基础信息，包括年龄结构、行业背景、教育背景和工作经历等，以便于在路演的过程中注意表达的节奏和语言的风格；其次是进一步了解听众的需求或者诉求，提前分析听众对话题的感兴趣程度，看能不能在路演的过程中争取满足相对重要的需求；最后是寻找与听众的契合点，在对听众进行深层次分析的时候，如果能找到某种内在的联系，或者可以缓和路演紧张的气氛。

（二）准备路演材料

路演现场除了创业者的展示外，可能还会用到很多辅助的文本、宣传材料以及产品等，都需要创业者提前做好准备和规划。以产品展示为例，有的创业者希望在路演的过程中，配合路演的内容和节奏对主要产品进行展示。 创业者除了要提前准备好对应的产品外，还需提前确定好配合产品展示的人员，确定好展示的具体时间点，确定展示的时间区间等细节，以让现场的呈现有序、生动且有分寸感。

（三）斟酌路演稿件

为了保证高效地利用路演时间，充分展示出创业者的素质和能力，在路演正式开始前，路演讲稿的准备是很有必要的。建议初次进行路演的创业者要准备好路演的逐字稿，也就是说要结合路演的时间和具体要求，把路演全过程要讲的话逐字逐句地写出来，通过反复斟酌打磨，必要的话可以邀请专业人士协助修改和完善稿件，之后再把稿件的内容反复背诵记忆，严格控制路演的时间，以达到最佳的效果。

（四）优化演示文稿

演示文稿也就是常说的 PPT，作为路演中最常用的一种工具，发挥着独有且重要的作用。演示文稿整体要简洁大方、重点突出，体现创业者的专业性。一般首页需要展示创业项目名称、联系人、联系方式等基本信息。具体内容上，要避免出现大段的文字，要多用图片、表格，也可以根据需要尝试加入动图或者视频，让整个文稿更具可看性。演示文稿的张数不宜过多，过多的张数和过大的信息量反而不利于听众捕捉到关键信息，也可能会因此影响路演的效果。

（五）熟悉路演环境

熟悉路演环境就好比考前熟悉考场，为的是让创业者为正式的路演做好心理上的准备，避免因为环境的突然变化产生情绪上的波动。创业者要提前了解路演场地的大小、是否有舞台、是否有讲台、现场大概能坐多少人、大屏幕的位置大概在什么方位、路演的区域在哪里等等细节，尽可能做到心中有数。

此外，如果条件允许，最好在正式路演前可以先进行现场试讲，这样有助于熟悉现场灯光、话筒、音响等环境，也能让创业者关注到演示文稿现场展示的效果，以便及时调整。

二、创业计划路演的 PPT

对创业者而言，路演一般至少要回答三个问题，即“我是谁”“我是做什么的”“为什么要选择我”。也就是说，创业者要通过路演告诉听众自己的创业项目的情况，包括主要产品、需求和痛点分析、商业逻辑和解决方案等，同时要展现创业项目的核心竞争力、市场前景和前期的运营数据等。一般而言，路演的 PPT 需要呈现以下几个方面的内容。

1. 回答“我是谁”的问题

首页要展示项目名称、Logo 和口号标语，要用最简单的话进行自我介绍，同时要把创业项目的基本情况讲清楚。首页的主要目的是突出亮点，引起听众的好奇。

2. 明确市场痛点

主要阐释的是要解决什么问题。即回答“我”发现了什么市场痛点，如何发现的，有哪些数据和信息能支撑“我”的观点，为什么要在这个时候解决这个问题等。

3. 提出解决方案

阐释解决上述痛点的方案。即回答如何解决痛点问题，具体方案是什么，为什么“我”能解决这个问题，过程中运用了哪些技术手段，是否还有什么困难和难点等问题。

4. 分析市场前景

通过数据分析或者其他各种手段的测算，展示这个项目的广阔市场前景。即回答为什么可以做这件事，当前的市场规模有多大，未来的市场发展是什么样的，“我”可以得到多少收入等问题。

5. 呈现主要产品

通过产品的图片、视频，甚至是实物演示，配合数据、参数、性能等信息的介绍，引起听众的注意。同时，也可以回答如何生产，核心业务是什么等问题。

6. 阐释核心竞争力

通过对自己产品和优势的分析，以及与同行业的对比，阐释“我”为什么行，一般会辅助相应的图表信息。即要回答“我”最主要的优势是什么，“我”的对手大致是什么情况，未来“我”将如何稳定市场份额等问题。

7. 描述商业模式

通过辅助商业模式画布、盈利模型等，阐释团队赚钱的逻辑。即回答“我”要付出什么，“我”会得到什么，怎样把产品给到别人，“我”是怎么赚钱的，为什么我的商业模式可行等问题。

8. 介绍团队情况

通过团队核心成员整体结构、学习工作和成长经历，论证团队能完成这个创业的能力。即回答“我们”的特点和优势是什么，“我们”是怎么合作的，“我们”的哪些经历可以证明“我们”行等问题。

9. 介绍财务情况

通过各类财务数据、财务报表和融资计划等展示，阐释团队的财务现状，对未来财务发展的预测以及融资的需求。即回答“我们”的资金情况如何，运行现状和未来规划是怎么样的，需要多少投资等问题。

10. 重申项目主题

结束页要和首页前后呼应。用简单又朗朗上口的表达突出企业的愿景，引起听众兴趣的同时回应“我们”最大的特点是什么，怎么联系到“我们”等问题。

三、创业计划路演的技巧

创业者在做好路演的准备工作之后，要学习掌握基本路演的技巧，以应对路演实战的考验。

1. 提升表达能力

路演是与现场观众直接的交流互动。好的表达和现场表现能迅速拉进演讲者与听众的距离。表达能力的提升是一项系统工程，需要创业者在日常的学习生活和工作中多积累、多实践。

就路演的表达来说，首先要熟悉内容，要对路演的内容足够熟悉，对 PPT 的每一页内容都很有把握，这样才能增强表达的自信心，不至于轻易地受到现场的干扰；其次要注意表达的音量和语速变化，一段好的演讲必然是带有情感的，因此在表达的过程中需要对内容进行分析，并通过音量的增减和语速的变幻突出重点内容、表达真挚情感；再次要注意表达过程中要有停顿，停顿是为了给听众理解内容和产生共情的时间，要避免因为表达节奏过快让听众产生疲倦，从而影响路演效果；最后要把握好路演的时间，树立良好的时间观念，切记不要超时。

2. 克服紧张情绪

对于大多数创业者来说，要认识到，路演时紧张是一种必然的情绪表现，不要因为想要完全克服紧张的情绪而变得更焦虑。创业者可以在上场前调整呼吸，做几次深呼吸缓解紧张情绪，或者给自己积极的心理暗示。在上场开展路演时，创业者可以在路演的开头和观众进行简单的互动，委婉地“要掌声”，让听众给予自己更多的鼓励和支持，以此消减紧张情绪。路演进行中，创业者可以主动转移注意力，尝试把注意力完全集中在演讲的内容上，也可以根据实际情况适当地主动回避听众的负面反应。

3. 关注肢体语言

肢体语言作为一种重要的公关手段，可以包括手势语、目光语、身势语、面部语等，即通过仪表、姿态、神情、动作来传递信息，在路演中扮演重要的角色。创业者要重视站立和坐姿基本规则，路演的过程中减少下意识的“小动作”，举止要大方，做到站有站相、坐有坐样。

创业者还要重视眼神交流的作用。如果听众比较少的，可以把目光进行大致平均的分配，关注到每个听众；如果听众比较多的，目光落在正前方的中间区域，在路演的过程中结合内容适当进行调整，以达到良好的眼神交流目的。此外，除了特殊要求或者配合具体内容外，创业者在整个路演的过程应尽量保持微笑，给人以自信阳光的印象。

4. 提升答辩技巧

创业者除了要准备好路演的展示外，往往还需要对路演之后的答辩进行预测和准备。创业者需要明白，答辩也是另一种展示的方式，如果创业者对创业项目足够熟悉，市场调研足够充分，对未来预期和发展前景足够自信，且过程中有大量准确的数据和权威专家的支持，再加上自信流畅的表达，相信很多的问题都能迎刃而解。同时，答辩也是一次诊断，通过与听众尤其是投资者、专家的交流，可以帮助创业者发现创业项目存在的问题、提升的方向，对无论是创业者还是项目本身都是一次很好的纠偏的机会。

就答辩技巧而言，一是提前准备，很多答辩的问题是完全可以预测的，创业者可以通过事先预测答辩的问题，确定相对成熟的应答方案，在对项目足够熟悉和自信的前提下，大多数的问题都能得到很好的应对。二是注意倾听，创业者要听明白问题和问题背后隐藏的信息，如果没有听明白问题，或者无法判断问题的重点，创业者可以态度柔和地请对方简要阐释，或者根据自己的理解复述问题要点并请对方确认。三是精简回答，现场交流时间是很有限的，创业者需要针对问题给予正面的回应，做到重点突出、条理清晰，尽量避免答非所问和绕圈子的情况。四是态度和善，无论对方提什么问题或者以怎样的方式提问，创业者都要注意控制情绪，注意回答问题的态度，向现场的听众展示更多的友好与和善。特别是在遇到很难回答的问题的时候，创业者要表现出更多的谦虚和善意，同时表示愿意继续学习提升。

| 拓展阅读 |

“麦肯锡 30 秒电梯理论”

“麦肯锡 30 秒电梯理论”来源于麦肯锡公司一次沉痛的教训。当时，麦肯锡公司在为一家重要的大客户做咨询。咨询结束的时候，麦肯锡的项目负责人在电梯间里遇见了客户的董事长，该董事长问麦肯锡的项目负责人：“你能不能说一下现在的结果呢？”由于该项目负责人没有准备，而且即使有准备，也无法在电梯从 30 层到 1 层的 30 秒钟内把结果说清楚。最终，麦肯锡失去了这一重要客户。

从此，麦肯锡要求员工凡事要在最短的时间内把结果表达清楚，凡事要直奔主题、直奔结果。麦肯锡认为，一般情况下人们最多记得住一二三，记不住四五六，所以凡事要归纳在 3 条以内。

这就是如今在商界流传甚广的“30 秒钟电梯理论”“电梯演讲”、电梯测验，它是指：“在乘电梯的 30 秒内清晰准确地向客户解释清楚解决方案”。这是麦肯锡公司检验其陈述咨询报告的方法之一。

许多公司都采用电梯测验（或类似的东西），因为它是确信其主管的时间得以有效利用的绝好方法。宝洁公司要求自己的管理人员写一页纸的备忘。一位好莱坞的制片人在谈到一个新剧本时会告诉一位剧作者“给我子弹”。如果 30 秒以后这位制片人喜欢自己听到的内容，那么剧作者就会得到一个进一步详谈的机会，也许就能做成生意。

［资料来源：（美）埃克·拉塞尔著，金雨译．麦肯锡卓越工作方法．北京：机械工业出版社，2004］

创业者需要经常根据变化的环境和情况整理自己的思路，通过不断训练，形成结构清晰、简洁明了的路演表达风格。

本章小结

对于众多创业者来说，创业计划书是进行融资的必备文件。近年来，创业融资的程序日益规范，作为投资公司进行项目审批的正式文件之一，创业计划书的重要性日渐凸显，如何编写创业计划书已经成为越来越多创业者的“必修课程”。本章从创业计划书的作用出发，给出了高质量的创业计划书撰写内容、原则和技巧等知识，同时给出了创业计划书推介工作要求与技巧。

思考与练习

1. 你目前有写创业计划书的打算吗？为什么？

2. 从网上搜索三份创业计划书，并对其进行分析。

3. 以小组的方式组建创业团队，拟定一个感兴趣的创业项目，并根据本章所学内容为该项目编写创业计划书。

教学活动

活动 1　编制创业计划书

活动目的：

将创业构思发展成为创业项目的策划方案，掌握创业计划书的撰写方法。

活动流程：

1. 组建创业团队。

2. 创业计划构思。每支创业团队通过机会漫步活动形成各自的创业构思，并对创业构思进行细化，形成一个较为完善的创业项目。

3. 根据项目情况进行市场调查，了解目标客户数量、消费意愿，以及项目产品或服务对于客户的价值。

4. 确定项目的潜在竞争对手并分析本行业的经营环境，同时分析项目可能获得的资源情况。

5. 计划书文本的撰写，计划书内容包括项目概况、项目背景、产品与服务、团队介绍、市场营销、财务分析、风险分析等。

6. 由教师对各团队创业计划书进行评判和打分。

活动 2　创业者访谈

活动目的：

让学生真正了解现实生活中的创业者，最理想的是他们感兴趣行业中的创业者。访谈完毕后学生将访谈内容形成一份分析报告。

活动过程：

学生以小组为单位，选一位身边的创业者，对其进行访谈，将其创业历程进行梳理。学生应该利用访谈和随后的分析报告来评估他们自己的创业潜力。

我们鼓励学生自己设计问题，但为达成预期效果，教师可以提供一份问题样本，帮助学生构思相同类型的问题。问题样本如下：

1. 创业者是谁？

2. 创业者是如何发现创业机会的？如何开始创业之路？

3. 创业者采用何种方式创建企业？这种方式成功吗？

4. 创业者在过程中遇到的困难和解决对策？创业者有何收获？

5. 创业项目的价值有哪些？

6. 与创业者对话，你学到了什么？

7. 基于访谈和自我评估，你觉得自己的创业潜力如何？

8. 不管是否创业，你需要提升自身哪些方面的能力？

注意事项：

1. 创业者不能是学生的家族成员或朋友，这是学生扩大自己社交网络的机会。

2. 鼓励学生高标准选择创业者，教师可以予以适当引导。

思考与讨论：

各团队之间分享访谈结果，并讨论两个问题：最让人吃惊的创业者言论？学到的最重要教训？

第五章　商业模式的设计与创新

学习目标

1. 了解商业模式的基本概念；
2. 掌握商业模式的基本逻辑与商业画布；
3. 掌握商业模式的主要类型；
4. 掌握商业模式模式设计要素；
5. 了解商业模式的创新模式。

案例导学

杰克：模式创新中寻求突破

杰克缝纫机股份有限公司（以下简称“杰克”）是国内缝纫机行业的明星企业，是全球领先的缝制机械制造商，也是目前全球唯一一家同时布局缝前与缝中设备的缝机供应商，入选中国民营企业500强，中国机械500强。

回顾杰克的成长历程，每一步关键步骤都跟商业模式的正确选择和适时转换密切相关。

1995年台州的阮福德三兄弟决定踩住改革开放热潮的尾巴，办了“台州市飞球缝纫机有限公司”。一个仅拥有10来名工人的小作坊在一间破庙加一个废弃的学校里诞生，总面积不到200平方米，主要产品为家用小包边机，以家庭用户为目标群体。

1998年前后几年，随着服装产业化加速，工业缝纫机发展已呈现大势所趋，市场对缝纫机品质、服务、功能和性价比的要求越来越高。杰克最初针对个人用户做的家用小包边机，起步较容易，相对工业缝纫机来说技术不算复杂。如果继续做这个产品，也能过一段稳稳当当的日子，但未来趋势摆在那里，如想取得大的突破，就必须要冒一定风险大力转型转做工业机，伴随而来的是研发、生产、管理、营销等体系的重新建设，走现代化企业发展之路。该如何选择呢？

1999年1月7日到9日，杰克开了“三天三夜”对企业发展具有里程碑意义的会议。最终70多人做出了两项决定：一是马上征地扩建厂房，走规模经营之路；二是达成“制度第一，总经理第二”的共识，建章立制，转换机制，走现代管理之路。1999年年底，杰克实现销售额2000万元，与台州本地一些家庭作坊拉开了差距，向中大型企业靠近。2000年到2003年阮积祥带领杰克深化管理，精耕细作，苦练内功，管理制度走向成熟和稳健，这个阶段“飞球”正式改名为杰克。

从确立企业级客户为目标市场开始，杰克也确立了自己的价值理念，即为下游服装厂行业解决“降低人工成本”“摆脱熟练工”“节省原材料”及“提高生产效率”等关键问题。为此杰克后续开始构建关键业务体系：打通产业链，将智能裁床、智能缝纫设备以及智能生产管理系统无缝连接，实现服装智能制造成套解决方案；不断加大研发投入，调整产品结构，将产品线从低附加值的普通缝纫机转变为高附加值的电脑缝纫机；开启国际化征程，成功收购了德国的两家知名企业奔马和拓卡。至此，杰克成为世界唯一一家同时集缝前、缝中为一体的成套缝制设备制造商。

从2012年开始，随着互联网产业迅速发展，服装行业的发展也越来越互联网、PC化，服装的制造越来越走向中小型化的发展趋势。杰克的掌舵人阮积祥认为聚焦中小客户是一个未来发展的趋势。

新的客户聚焦，产生了新的资源调度业务架构和产品设计。中小客户的企业规模通常都是几十人，他们没有自己专业的机器维修服务人员，所以服务就特别重要。杰克借助渠道建立起庞大的服务管理体系，对遍布全球的数千家专卖店和当地经销商的员工展开了持续培训，落实“快速服务100%”的服务宗旨，从而产生了差异化的客户价值，迎来了快速增长。

在21世纪的第二个十年，杰克又审时度势对企业愿景使命进行了重新定义：“成套智联，让服装智造无限可能”。杰克把数字化和硬件通过IOT有效结合起来，把智联成套的解决方案推给用户，用自研的智慧化软件帮助客户实现智能化生产。整体方案带来了盈利模式的变化，杰克不但销售缝纫机给客户，还卖软件平台，客户用了智慧平台服务，整体提升了效率，获得了超额收益或节约了相应成本，杰克会就这部分超额收益或节约成本跟客户进行二次分成。未来，杰克将继续占领品牌与技术高地，为中国缝制强国梦作贡献。

现代管理学大师彼得·德鲁克说过：“当今企业之间的竞争，不是产品之间的竞争，而是商业模式之间的竞争。”商业模式是以价值创造为核心，形成的企业如何创造、传递和获取价值的运行模式。创业过程中创业者需要时时思考应该为谁创造什么样的不一样的价值，并据此制定企业战略，规划企业的组织架构、资源、业务体系。杰克的创始人在几十年的历程中追随时代步伐，始终对市场变化有清晰认知，对自己有明确的定位，专注于用户痛点解决和价值挖掘，据此打造自己的关键业务体系，并借助数字化的工具实现商业模式的不断创新，最终站在了行业之巅。

（资料来源：陈霜晶：《民企杰克 中国民营企业管理案例》，1—12页，杭州，浙江工商大学出版社，2020）

课堂思考：

你认为商业模式的核心逻辑是什么？创业者如何设计一个适合自己的商业模式？

第一节 商业模式概述

微视频5-1 商业模式概述

商业模式是一个比较新的名词。尽管它第一次出现在20世纪50年代，但直到90年代才开始被广泛使用和传播。今天，虽然这一名词出现的频度极高，关于它的定义仍然没有一个权威的版本。通俗地说，商业模式就是公司通过什么途径或方式来赚钱？简言之，饮料公司通过卖饮料来赚钱；快递公司通过送快递来赚钱；网络公司通过点击率来赚钱；通信公司通过收话费赚钱；超市通过平台和仓储来赚钱等。只要有赚钱的地儿，就有商业模式存在。

一、商业模式的内涵

商业模式（business model）的概念比较宽泛，与其相关的说法有很多，包括运营模式、盈利模式等。虽然商业模式已经成为社会经济领域，特别是创新创业领域的热词，但对商业模式概念的界定并没有形成一个广为接受的观点。管理学大师彼得·德鲁克将商业模式定义为“商业的理论”；管理咨询专家琼·玛格丽塔将商业模式描述为“阐述公司如何运作的故事”。

目前，关于商业模式概念的界定，不同的学者和管理者从各自不同的分析视角和理论框架对商业模式的内涵进行探讨和理解，但他们更多是基于成熟企业，抑或新兴互联网企业或高新技术企业。从创业企业视角，一般认为，商业模式是企业整合资源与能力，进行战略规划，充分开发创业机会实现利润目标的内在逻辑。

管理学大师彼得．德鲁克的“经典五问”为创业视角的商业模式内涵提供了方向指引。

（1）我们的使命是什么？

（2）我们的顾客是谁？

（3）我们的顾客重视什么？

（4）我们的目标是什么？

（5）我们的计划是什么？

根据以上简要分析，本书将创业企业的商业模式界定为“以创业愿景为指引，旨在实现顾客、创业者和投资者或股东等利益相关方共生共赢的价值创造系统”。对商业模式内涵的理解包含如下要点：①商业模式应反映创业者的创业愿景；②商业模式应聚焦于价值创造；③商业模式应平衡利益相关方的多方诉求；④共生共赢是衡量商业模式生命力的重要标准。

二、商业模式的主导逻辑

价值创造是商业模式的核心，是创业企业生存和发展的基础，价值创造不仅包括顾客价值创造，也包括企业价值创造，但从根本上讲，企业价值创造是建立在顾客价值创造之上，以顾客价值创造为基本前提。因此顾客价值创造逻辑是商业模式的主导逻辑，由辨明价值，传递价值和实现价值这三个在逻辑上存在关联的方面构成。

（一）辨明价值

商业模式的逻辑起点是通过市场调研等手段，辨明顾客价值主张。只有明确识别确定了企业提供什么样的顾客价值主张，才会有后面的实现价值和分享价值。而识别顾客价值主张，很重要的是分析顾客的需求，从而明确你能够为顾客提供的价值是什么。许多时候，识别顾客价值主张并不是一件容易的事，因为顾客的需求往往不限于表层需求，很可能在表层需求的背后还有深层次需求。这就需要创业者不断挖掘，穷尽顾客背后的各种需求。

举例：顾客买手机，不是为了手机本身，而是用手机进行打电话、看视频、玩游戏、社交、工作、拍照等。而不同顾客可能对这些需求的侧重点不一样，这就使得不同品牌手机可以识别不同的顾客价值主张，比如 OPPO 手机主打的就是拍照需求，成功吸引了许多爱拍照的年轻女性。

（二）传递价值

在创业过程中，即使能够准确地识别顾客价值主张，仍然是不够的。你需要资源和能力来实现这些顾客价值主张。这里的资源和能力包括：人力资源、生产资料、关键合作伙伴、资金、供应商、关键技术等。如果没有这些资源能力，你需要获取这些资源能力，否则就无法实现顾客价值主张。

例如，如果你识别到了拍照效果好的手机符合年轻女性的需求，但是你只是一名在读大学生，根本没有相关的关键技术或供应商，那么你就无法实现这样的顾客价值主张。

（三）实现价值

如果能够准确识别符合顾客需求的价值主张，并且聚合了相关的合作伙伴和关键资源，实现了顾客价值主张，最后的问题是要分享这些价值。创业企业要在合理分配这些价值给合作伙伴和渠道通路、员工工资等利益相关者的同时，最终实现股东的利益，持续实现企业盈利。

搜狗 CEO 王小川在搜狐的支持下，开发输入法等新产品，最终在纳斯达克上市，在为顾客实现价值的同时，相关合作伙伴均得以分享价值，也为股东搜狐赢得了利益，搜狗公司分享了价值，实现了持续盈利。

课堂思考：

分享价值时，什么样的分配原则是合理的？

三、商业模式类型

商业模式的发展经历了一个从保守到创新的过程，如果细致地对现有商业模式进行划分，有上百种。传统的商业模式包括店铺模式、加盟模式和代理模式。新兴的商业模式包括平台模式、联盟模式、时空模式、众筹模式、饵钩模式、共享模式、聚焦模式等。以下是一些经典、成熟的商业模式，每一类商业模式都有一些公司运用得非常成功。

（一）分拆商业模式

分拆商业模式是将企业从事的活动分为三种不同类型：客户关系管理、新产品开发及基础设施管理。每种类型的活动有着不同的经济、竞争和文化规则。这三种类型可能共存于同一家企业中，企业同时从事三类业务。但有的企业把它们进行分拆。

例如，中国移动等移动通信企业通常将它们的部分网络运营和维护的基础设施管理业务外包给设备生产商，运营商更专注于品牌管理和客户关系管理，运营商还与多个第三方内容提供商进行合作，不断开发新产品、新技术及新服务，也就是说三大核心的业务让 3 个更专业的团队来负责，形成精细化管理。

通过这种分拆，企业把部分业务外包给其他更有资源和能力的合作伙伴，而把自己的资源和能力优势明显的业务作为核心业务进行聚焦，这样也更能形成自己的竞争优势。又例如银行，以前很多银行会建立自己的数据中心、呼叫中心、信用卡中心，后来慢慢地不少银行开始把一些非核心业务分拆给外包合作伙伴，而专注于客户关系开发和维护。

（二）长尾商业模式

和传统企业致力于打造出一个爆款产品而产生海量销售的商业模式不同，长尾商业模式在于少量而多种地销售自己的产品，它致力于提供相当多种类的小众产品，而其中的每一种卖出量相对很少。将这些小众产品的销售汇总，所得收入可以像传统模式销售所得一样可观。它不同于传统模式，少数的明星产品负担起绝大部分的收益。长尾商业模式要求低库存成本以及强大的平台以保证小众商品能够及时被感兴趣的买家找到并获得。长尾概念是由克里斯·安德森提出的。他认为引发了长尾现象的三个经济触发因素是：

（1）生产工具的大众化。不断降低的技术成本使个人能够接触到就在几年前还十分昂贵的工具。

（2）分销渠道的大众化。电子商务使产品能以极低的库存、沟通成本和交易费用，为利基产品开拓新市场。

（3）连接双方的搜索成本不断下降。销售产品真正的挑战是找到感兴趣的潜在买家。

如今强大的搜索和几大电子商务平台，已经让这些挑战容易多了。比如江苏笛莎公主文化创意产业有限公司是一家以“每个女孩都是公主”为核心文化，专为 3～16 岁女孩提供从头到脚，从内到外的综合产品，从而打造涵盖小女孩学习、娱乐、生活等全方位一站式购物娱乐平台及网络互动社区，简称“女孩全产业链”，在全国各地拥有大批的忠实消费者，拥有良好的品牌声誉，300 多家加盟店铺。

比较经典的例子有芭比娃娃，也是长尾商业模式。每年约有 100 多款芭比新装推出。芭比娃娃并没有追求某一爆款成为主要利润点，而是提供了广泛的款式供爱美的女孩子们选择。而且，芭比娃娃的产品还不断多元化，衍生出首饰、手表、家具、书包、铅笔盒等，还开发了芭比爸爸乔治、芭比妈妈格丽特、芭比宠物等家族产品。

（三）多边平台商业模式

多边平台将两个或更多独立但相互依存的客户群体连接在一起。这样的平台对于平台中某一群体的价值在于平台中其他客户群体的存在。平台通过促进不同群体间的互动而创造价值。一个多边平台的价值提升在于它所吸引的用户数量的增加，这种现象被称为网络效应（network effect）。比如谷歌，提供免费的服务（如搜索、如谷歌地图）吸引更多的用户，提升了对广告主的吸引力，从广告主这挣了钱。核心的资源是搜索平台，价值主张是“能从内容（流量）中挣钱”，三个关键业务可以定义为：建设和维护搜索基础设施；管理三个主要客户细分群体（新用户、内容拥有者、广告主）；向新用户、内容拥有者和广告主推广其搜索平台。

简单地说，企业把其中一个客户群体服务好，就能产生对另一个客户群体的潜在价值，从而使得后者愿意买单。谷歌的广大个人用户在享受免费搜索的同时，就产生了对广告商的潜在价值，因此广告商愿意付费给谷歌。

许多互联网企业都采用这样的商业模式。例如，用户在免费观看抖音的时候，抖音由于聚集了大流量，而可以向广告商销售广告。

（四）免费的商业模式

在免费商业模式中，至少有一个关键的客户群体是可以持续免费地享受服务的。不付费的客户所得到的财务支持来自商业模式中另一个客户群体。这就是所谓的“交叉补贴”，即用一个地方赚的钱，来补贴免费的业务活动。

在成都机场有个很特别的景象，当你下了飞机以后，你会看到机场外停了百部休旅车，后面写着“免费接送”。如果你是乘客，你是否心动了呢？我相信大家都会动心，从而让四川航空150辆免费接送车创造了上亿元利润的奇迹。这其中还包含了一个有趣的商业模式：四川航空公司一次性从风行汽车订购150台风行菱智MPV，原价一台14.8万元人民币的休旅车，四川航空以9万元的价格购入风行汽车的条件是，四川航空让司机在载客的途中详细介绍汽车，简单地说，就是司机在车上帮车商销售车子啦！在乘客的乘坐体验中顺道带出车子的优点和车商的服务。当这个商业模式形成后，根据统计，四川航空平均每天多卖了10000张机票！

上述四川航空的例子是通过免费的接送服务吸引乘客乘坐体验休闲车，等于是给休闲车做广告的机会。车厂可能是以亏本的价格出售这些车，而这亏本的部分恰恰就是等同于广告费。四川航空除了收到这部分广告费，还通过免费模式多销售了机票，从其他地方还获取了收入。

可见，免费的商业模式不仅仅限于通过聚集一个用户群体的流量来吸引另一个用户群体来做广告，还可以为企业带来其他的收入来源。

比如，职场社交网站领英就是提供免费的网站给广大用户使用，而通过VIP收费服务、招聘猎头服务等方式获取收入，来进行交叉补贴。

（五）开放式的商业模式

开放的商业模式适用于通过与外部合作伙伴系统地配合而创造和获取价值的企业。这种模式可以是“由外而内”地于企业内部尝试来自外部的理念，或者“由内而外”地向外部合作伙伴输出公司的理念或资产。比如，宝洁公司通过外部伙伴关系来促进内部的研发工作，降低研发创新成本，提高研发生产效率。宝洁的科学家通过互联网平台与世界各地的专家建立了联系。宝洁通过Your Encore.com网站从退休专家那里征求知识，这是一个由宝洁公司专门推出的作为连接外部世界开放创新桥梁的平台。

制药企业葛兰素史克拥有庞大的专利池。这家公司为了让药物在世界上最贫穷的国家更容易获得，并促进疑难病症的研究，他们把开发这些疑难杂症的药物相关的知识产权放入对外开放的专利池，供外部的研究者所用。

硅谷有许多公司开发的软件都是开源的，提供给广大的软件开发者免费进行进一步开发，通过合作开发，开源软件的开发者得以接触到更广泛的用户，树立品牌和产生其他的盈利点。例如，安卓系统就是开源软件，大量的手机厂商就是基于安卓软件系统进行APP开发，谷歌公司也得以在手机软件市场与苹果公司抗衡。

拓展阅读

“剃刀与刀片”商业模式

现在很多线上运营的互联网初创公司通常使用免费增值模式，线下的“剃刀和刀片模式”（Razor and Blades）被认为是“免费增值”商业模式的前身。“剃刀与刀片”模式出现在20世纪早期。在这种模式里，基本产品价格极低，甚至处于亏损状态出售；而与之相关的消耗品或服务价格则十分昂贵，可以充分为厂家赚取利润。它也被称为“饵与钩（Bait and Hook）”模式，或者“搭售”（Tied Products）模式。

这种定价模式最初为19世纪末的吉列公司所采用，当时吉列的创始人金·吉列发现，如果按照传统方式销售由一副刀架和多把刀片组成的套装产品，往往整体售价过高顾客难以承受，导致销售不佳。于是金·吉列就想办法将这个套装产品分开销售，把经久耐用的吉列刀架的定价以55美分单独出售，而且这个55美分的价格远低于吉列刀架2.5美元的成本，而从与刀架搭配的吉列刀片中来弥补刀架的亏损。一把吉列剃刀一年下来平均需要更换25把刀片，大量来自刀片的收入让吉列利润飞速增长，而由于首次投入大为降低，这种收费方式也迅速被顾客接受。

吉列的这种定价模式后来被很多公司学习应用。很多产品都是借助这种定价模式来取得成功。这种策略，将基础产品以成本价甚至远低于成本的价格出售，目的是促使用户在将来购买更多的利润更高的互补品。类似的产品还有打印机和墨盒，光学照相机和胶卷，游戏机与游戏软件等。

［资料来源：李平：《挑战吉列模式》，载《21世纪商业评论》，2009（01）］

课堂思考：

拼多多的商业模式是什么？

第二节 商业模式设计

微视频5-2 商业模式设计

一、商业模式画布

长期从事商业模式研究和咨询工作的埃森哲公司认为，商业模式至少要满足两个必要条件：必须是一个整体，有一定结构，而不仅仅是一个单一的组成因素；组成部分之间必须有内在联系，这个内在联系把各组成部分有机地关联起来，使它们互相支持，共同作用，形成一个良性的循环。因此，商业模式实际上是一种包含了一系列要素及其关系的概念性工具，用于阐明某个特定实体的商业逻辑，描述了公司所能为顾客提供的价值以及公司的内部结构、合伙伙伴网络和关系资本等用于实现（创造、营销和交付）这一价值并产生可持续、可盈利收入的要素。商业模式的这种整体性，要求我们在设计商业模式时，不能极端地只是强调某一个要素，比如过于强调自己的关键资源（比如一项先进的技术）而忽视了其他要素的重要性。

在大学生创业的案例中，有许多项目源于科研成果的转化。其中大量的项目最终未能成功，甚至连启动创业项目都十分困难，其主要原因往往是研发团队对技术过分迷信，而忽视了顾客的真实需求，尤其是隐性需求。

另外，商业模式各要素之间的内在联系，也要求在设计商业模式时注重联动关系，考虑一个要素的同时，要进一步考虑该要素的变动可能导致其他要素的相应调整以便与之适应。例如，百度公司在最初是以授权搜索技术给门户网站作为主要的业务，其价值主张是让门户网站为用户在门户网站提供的信息流中快速检索出感兴趣的信息。之后由于门户网站的没落，百度公司决定重新定义其细分顾客，直接以 C 端用户作为其顾客群体，通过竞价排名获取收入，此时的关键合作伙伴、关键业务、渠道通路等要素都必须相应调整。

关于商业模式这一系统的框架构成，有不同的说法。Afuah 和 Tucci（2000）认为，商业模式的构成要素应该包括客户价值、价格、收入来源、相关联的活动、执行所需的资源能力、可持续性以及关联技术等。马小龙（2017）把商业模式的组成要素总结为 8 要素：高效率、整合、实现形式、核心竞争力、客户价值最大化、系统、持续赢利、整体解决。目前不少人在用的一种是亚历山大·奥斯特瓦德、伊夫·皮尼厄的 9 要素说，这也是张玉利等人的《创业管理》采用的观点，如图 5-1 所示。

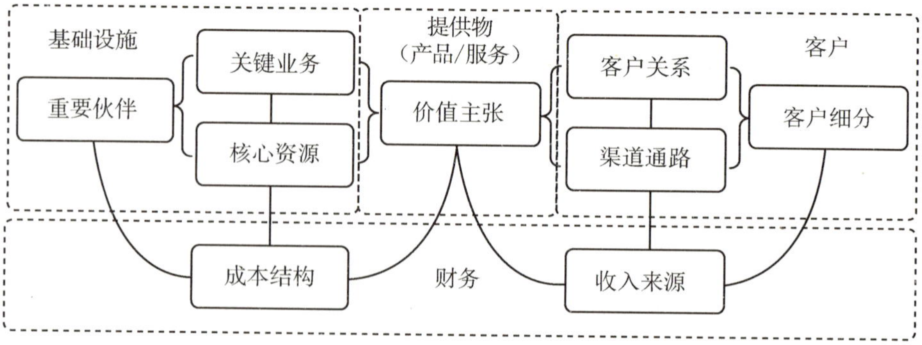

图 5-1　商业模式 9 要素说

9 要素说是以价值主张为核心，一边从客户的需求出发，设计合适的客户关系和渠道通路，从而实现收入来源；另一边从创造价值所需要具备的资源能力出发，分析需要实施的关键业务和需要拥有的关键资源和重要伙伴，从而在财务上找到成本花在了哪里（资源和能力都是有成本支出的）。

如果没有资源和能力的支撑，价值就无法被创造出来，也就无法满足客户的需求，也就无法产生收入。反过来，如果没有准确定位细分市场，就难以匹配合适的资源和能力，导致浪费。

价值主张就是为客户带来什么价值，解决客户的什么需求，解决到什么地步。需要注意的是，这里的价值主张首先是客户价值主张，即满足客户需求，为客户创造价值。只有为客户创造价值，才能最终为企业带来价值。企业的最终目的当然是追求盈利，但是只考虑自己盈利，而不能持续为客户带来价值，是不能长久的。

客户细分就是针对什么样的客户，这就需要进行用户画像。用户到底能否用一些描述性的词、词组进行刻画，使得企业可以集中资源去针对性地进行营销，是创业项目成功与否的重要因素。如果过于宽泛，会导致资源浪费。客户细分往往可以用年龄区间、性别、所在地区、教育程度等特征进行刻画。

客户关系就是你和客户建立什么样的关系。企业提供服务为主还是以客户自助行为为主？如果是非常紧密的个性化服务，那就类似于个人助理，根据客户的需求一对一服务，比如呼叫中心，就是话务员一对一为客户提供服务，企业提供服务为主的模式，客户极大程度上依赖企业的服务。客户自助行为为主的服务，包括自助服务、自动化服务，或者是客户在企业创造的社区内部相互服务（比如论坛中的互相解答问题，都不用企业服务人员进行解答），当然还有顾客参与到价值创造的过程中。

例如，小米公司（图 5-2）就是让顾客参与到小米产品的设计过程中。小米会让顾客进行各种建议和评论，小米把这些意见吸纳进去，做出最终的产品。

图 5-2　小米品牌

渠道通路就是你如何接触到客户。一般包括自建渠道、代理商、混合模式。自建渠道的好处是对客户的把控和对客户反馈的直接跟踪，在互联网项目中被称为“私域流量”，但是自建渠道需要花费较高的成本。通过代理商的好处是快速接触到广泛客户，但是不足之处是企业对客户的把控度不够。混合模式则是一边自建，同时也利用代理商渠道。

收入来源就是通过为客户创造价值产生哪些收入。企业为客户创造的价值里面，有些可能企业是不收费的，而把收费点设计在另一些地方。

例如，微软的传统软件销售收入来源就是直接收许可费。而奇虎 360 则免费提供软件（图 5-3），把收入来源设计在增值服务、广告等地方。

关键业务就是你要创造客户价值所必须从事的业务活动。比如，奇虎 360 要为客户提供杀毒软件，就必须进行软件开发。

图 5-3　360 杀毒软件

核心资源是为了支撑关键业务所需要的资源，比如奇虎 360 要开发杀毒软件，就必须组建软件工程师团队等。

重要伙伴就是为了实施关键业务和拥有核心资源，你需要找到合作伙伴和你一起共同来做。作为创业企业，不可能把所有的事情都自己做，也不可能拥有所有的资源。此时，外包、联合开发等合作伙伴是必不可少的。

成本结构就是为了创造客户价值需要花费的成本。成本是否合理是由其在创造价值中的重要性决定的。什么东西不可或缺，那么在这个地方花费成本是值得的。

| 典型案例 |

奇虎 360 的免费增值商业模式

20 世纪 90 年代到 21 世纪初，杀毒软件都是收费的，那时国内最有名的是瑞星，金山毒霸（就是雷军之前的公司），他们的盈利模式跟传统的商品是一样的，就是你买我的杀毒软件，一年掏几百元钱，我给你寄一张光盘，你安装到计算机。一年过后，升级需要续费。尤其是在瑞星最为得意的时候，依靠杀毒软件的销售就能进账好几个亿，其中个人用户市场占了它营收的 70%～80%。

2008 年 7 月，以剿杀恶意软件起家的 360 安全卫士正式推出杀毒软件并宣布永远免费，遭到传统杀毒厂商的普遍质疑。质疑的理由自然是基于传统的商业模式——

“如果完全免费，那么公司靠什么来生存？如果公司自己都无法生存，怎么保护用户的权益？”

但周鸿祎认为等 360 有很多忠诚的用户以后，自然就会产生很多商业模式。当时，创始人周鸿祎向董事会提出免费杀毒，与当时几大主流杀毒软件厂商的行为相比，这种做法虽独特但充满了未知的风险。当董事会全体反对周鸿祎“免费”的提议时，周鸿祎表示：“想要赚大钱就要颠覆已有的规则。”

360 杀毒上线不到半年，就成功从瑞星和金山的口中，夺下了相当大的市场，同时也将瑞星彻底从国内杀毒软件领域的冠军位置上拉下来。2009 年以后，360 的商业模式开始初现轮廓并逐渐显示出威力。它发布了 360 安全浏览器，并靠“安全”这一概念以及和 360 安全卫士绑定的推广方式来提高装机量——这一浏览器的首页是网站导航页面，可以像 hao123 那样卖位置广告，地址栏的搜索功能则与 Google 合作，Google 为由此获得的流量付费。

截至 2010 年年底，360 安全卫士累计安装量超过 3 亿，覆盖中国网民 60%以上。360 之所以有底气打出永久免费的口号，原因是其增值服务所得收益可以在很大程度上平衡成本的支出，也就是说，杀毒软件只是一个前端产品，通过前端产品吸引用户，后端就有很多可以赚钱的地方了。

（资料源于：杨轩、徐涛：《周鸿祎讲故事》，载《第一财经周刊》，2011-04-14）

课堂思考：

为什么其他杀毒软件跟进了免费模式以后，仍然未能打败 360？

二、商业模式选择

虽然本章的下一节要讲商业模式创新，但是，如果你要做的项目已经在市场上存在相关的商业模式，你就应该首先找到这样的对标模式，认真研究该商业模式的内在逻辑和市场反馈。

（一）在目前市场上存在的商业模式中寻找对标

例如，中国的许多互联网企业，都是直接在硅谷寻找对标的商业模式，然后复制到中国。这种商业模式是最快速有效的。比如滴滴，就是直接在硅谷找到 UBER（优步）的商业模式，快速复制到中国，抢占市场。

类似的例子还有很多。百度就是复制了谷歌的商业模式，微博复制了推特，人人网复制了脸书，当当网复制了亚马逊，淘宝复制了 eBay。

把一个在某国市场经过市场验证可行的商业模式直接复制到一个新的国家，是中国一大批互联网企业成功的制胜法宝。可见寻找对标模式是多么的重要。

如果在本土市场已经存在成功的商业模式，你就要考虑你如何和已经成功的企业进行竞争。如果你完全复制，你是否有独特的资源能力与享有先发优势的对手抗衡。

（二）在具有一定借鉴价值的若干商业模式中整合和打磨

商业模式的形成是一个不断设计、不断打磨、不断验证的过程，不要指望一蹴而就。如果你在市场上没有找到和你的设想比较吻合的商业模式，你就需要整合若干种不同的商业模式中，纳入你的设计中。

例如，百度公司最初的商业模式是授权许可搜索技术给门户网站，后来根据市场的变化，借鉴其他公司的竞价排名模式。竞价排名模式并非百度的发明。在美国，早在 20 世纪 90 年代 Overtune（原来的 Gogo. com）已为这项服务申请了专利。竞价排名模式被发明之前，搜索引擎一直无法找到有效的商业回报模式，而搜索引擎的技术开发又需要大量的资金投入。竞价排名的出现，让搜索引擎的技术进步能够转化为客观的商业回报，这大大刺激了搜索引擎公司加大研发投入、开发出更好的搜索引擎。

通常而言，设计全新的商业模式绝非易事。而最终形成自己的商业模式，往往需要考虑几点：一方面最终形成的商业模式，要经得起 9 要素框架等经典逻辑的逐个拷问。创业者要能清晰地表述价值主张是什么、锁定什么样的细分顾客群体、建立怎样的顾客关系、通过什么渠道接触顾客、产生哪些类型的收入；另一方面，也要阐明为了实现价值主张需要开展哪些关键业务活动、拥有哪些关键资源、拓展哪些关键伙伴、产生哪些成本。

需要注意的是，即使形成商业模式，也不代表项目完全准备好了，还需要其他要素的加入才能形成完整的商业计划。例如，战略就是一个重要的问题，需要专门设计企业的竞争战略，考虑外部竞争环境，研究竞争对手，研究行业趋势。完整的商业计划还包括团队、营销策略等。

课堂思考：

商业模式与盈利模式是一回事吗？

第三节
商业模式创新

微视频 5-3 商业模式创新

商业模式创新，可以是对市场上既存的商业模式进行改造（积木式创新），也可以是重新定义一种不同以往的商业模式（颠覆式创新）。

有人提出积木式创新，就是指在创新的过程中，不同要素之间如“积木”般的组合方式，企业在商业模式的某一个要素方面进行改造，其他要素则与其他关键伙伴进行合作。

颠覆式创新是对整个模式的各个要素进行全盘改造。在互联网行业这种颠覆更加明显，原来的杀毒软件瑞星、金山、卡巴斯基等都是按年收费的，但是突然蹦出来一个周鸿祎带着奇虎 360 出来了，什么杀毒软件安全卫士都免费，这一来所有的杀毒软件厂商傻眼了，你不免费慢慢的市场份额就没有了，免费是找死，不免费是等死，只能跟进。到现在免费的 360 卫士一统江湖，再也没有杀毒软件能跟之竞争了，360 是靠着免费而获得大量用户，而这些用户就是盈利的资源，比如流量广告从赚用户的钱到赚广告费，这就是颠覆式创新。

一、改变收入模式

改变收入模式就是改变收入的主要来源。这往往需要发现用户的新需求，在原有的需求上放弃或减少收费，在新需求的满足上进行收费。改变收入模式需要重新定义用户需求。

例如，以前我们看电视都是免费的，广告商支付广告费作为电视台的主要收入。后来，优酷土豆（图 5-4）、PP 视频等视频平台推出了 VIP 用户可以付费跳过广告，解决了用户不喜欢广告宁可支付费用的需求。而哔哩哔哩则干脆推出了视频全部没有广告的模式，增加用户的忠诚度，而产生其他更多增值服务的收入来源。

图 5-4 优酷土豆

也可以是从用户的一类需求延伸到更多用户的需求，放弃对原用户需求的收费，而采取对另一种用户的需求的收费。360 其实就是改变了杀毒软件厂家的收入来源，放弃在软件许可环节收费，而改为通过广告方式从广告商处收费。

二、改变技术模式

技术的革新，也可以带来新的商业模式。云计算、3D 打印、基因编辑等，都给我们带来许多新的商业模式。例如，5G 带来整个通信行业的改变，将会形成许多新的商业模式。谁能够抢先在这个行业转变的过程中参与标准的制订，谁就可能获得更多话语权，从而形成新的商业模式。

三、改变企业模式

企业也可以推动整个产业的改变，从而形成新的商业模式。在商业模式的资源能力方面，技术是非常重要的资源能力。如果企业开发出一个具有竞争力的技术，就可能拥有竞争对手无法复制的商业模式。

例如，在商用飞机制造领域，波音飞机曾经长期垄断大型客机的制造技术，面对空客的竞争，波音可以采取用大型客机的垄断利润来交叉补贴中小型飞机。而空客虽然在中小型飞机制造方面可以与波音进行竞争，但是因缺乏大型客机的制造技术而整体上吃亏。后来，空客公司也造出了大型飞机（图 5-5），从而开启了新的商业模式。

图 5-5 空客

四、改变产业模式

企业在产业链中的位置和充当的角色如果得以改变，有时候可产生新的商业模式。许多时候企业可以通过引入新的关键伙伴、开发新的技术，改变自己在产业链中的位置。

例如，华为公司（图 5-6）本来依靠安卓系统支持华为手机，由于中美贸易战，谷歌决定停止供应安卓系统给华为，华为就拿出一直研发储备的鸿蒙操作系统，直接在产业链中抢占

HUAWEI

图 5-6 华为

上游的位置。华为占据上游以后，不仅可以支持华为的手机，还可以与谷歌展开竞争，抢占操作系统市场。

商业模式创新也可以从价值主张、客户细分、客户关系这三个要素的创新进行。通过重新定义价值主张，发现新的客户需求，并针对新需求设计解决方案，为客户创造新价值。通过发现不同的客户细分，设计满足新的客户细分群体的解决方案。或者通过重新定义客户关系，提供新的解决方案。

| 知识链接 |

关于企业商业模式创新思考

战略定位创新。例如，王老吉的“饮料＋降火”这一新的价值主张，满足了中国人对降火的需求，在餐桌上喝酒被认为是上火，而王老吉正好满足了这一需求。

资源能力创新。企业可以通过战略性地引入新的资源能力，改变自己的商业模式。资源能力包括人力资源、生产资料、新技术、资金等等。例如，苏宁通过战略性地引入互联网平台，开发形成线上的苏宁易购，得以从传统的门店模式，转变为 O2O 的商业模式。

商业生态环境创新。企业可以通过联合合作伙伴，共同打造生态，从而创新商业模式。

例如，腾讯通过开放微信公众平台，允许机构和个人在公众平台建立自己的公众号，从而形成了生态，大大扩展了微信的获客能力和收入来源。例如文章打赏、文章广告等，都使得微信公众平台成为一个全新的媒体运营商业模式。

图 5-7　微信公众平台

以上三种维度的创新，也可能由一个企业同时实施。这样就形成了混合创新。例如，苹果公司从最初的电子产品硬件销售，到“iPod＋iTunes”的战略定位创新，是对价值主张的重新定义，即从“提供质量好的播放器”，变成了“提供便捷的海量视听内容”。同时，也是资源能力的创新，补充了关键资源和关键伙伴。但是，“iPhone＋

APP”，则是对商业生态环境的创新，让许多 APP 开发者形成与苹果公司的同盟，共同打造了一个全新的生态。

本章小结

本章结合案例给出商业模式的概念、商业模式的逻辑、商业模式的框架、商业模式的常见类型和设计商业模式的基本流程，最后提出商业模式创新的方法和维度。

【课外实践】

1. 中国为什么没有哪家手机公司形成苹果的生态?

2. 分组讨论：4～6 人一组，选择目前同学们常用的互联网工具，分析其商业模式。

3. 访谈校园周边的奶茶店、餐饮店、连锁便利店，了解他们的商业模式，试着画出商业模式画布 9 要素。

教学活动

活动 1　商业模式画布

活动目的：

帮助学生思考商业模式画布中 9 个商业模块的本质和顺序，深刻理解商业模式是关于价值创造、价值传递和价值获取的原理。

活动道具：

教师需要事先准备与团队数量一致商业模式卡片，每套卡片包括：关键业务、客户关系、合作伙伴、成本结构、客户细分、渠道通路、核心资源、价值主张、收入来源。同时，为每组学准备一张填充画布。

活动过程：

简单介绍创业者兼作家 Alexander Osterwalder 和瑞士学者 Yves Pigneur 的商业模式画布，然后让各组展开讨论，将商业模式卡片填充到画布上。告诉学生商业模块有特定的顺序，但他们需要思考应该是什么顺序。换言之就是他们需要确定首先应该考虑哪个模块，其次是哪个，以此类推。最重要的是要思考首先从哪个模块开始？最不重要的是哪个？最后各组对填充结果进行展示和汇报。

汇报结束后，介绍 Osterwalder 和 Pigneur 采用的设计顺序如下。

<table>
<tr><td rowspan="2">合作伙伴</td><td>关键业务</td><td rowspan="2">价值主张</td><td>客户关系</td><td rowspan="2">客户细分</td></tr>
<tr><td>核心资源</td><td>渠道通路</td></tr>
<tr><td colspan="2">成本结构</td><td colspan="3">收入来源</td></tr>
</table>

思考与讨论：

1. 各组填充的画布内容有何差异？

2. 画布可以分为左边部分和右边部分，左右两边各描述企业的哪些视角？

3. 商业模式设计从关注哪些内容开始？

拓展活动：

基于各组的创业项目，结合商业模式画布的学习成果，要求各组开展讨论，制作自身项目的商业模式画布，最后各组进行展示和汇报。

活动 2　商业激情立方体

活动目的：

激情可以孕育创造力，并有助于识别和挖掘商业机会。本活动可以帮助学生认真思考和评估个人激情，并通过拓展思维，挖掘与个人激情相关的潜在商业机会。

活动道具：

为每位学生准备 6 张正方形白纸（正方形边长为 5～8cm，最好是硬一点的卡纸），同时准备几卷美纹纸胶带，供全班使用。

活动规则：

1. 发放正方形卡片，每位学生 6 张。学生可以传递胶带，每人撕下 8 小片。

2. 让学生拿出一张卡片写下自己有激情的事情，鼓励学生想出真正让自己感到兴奋且确实喜欢做的事情。

3. 让学生再拿出两张卡片，在每张卡片上写下一件事情，描述他们为什么对第一张卡片上所写的事情充满激情。

4. 让学生拿出剩下的三张卡片，在每张卡片上写下他们感觉自己具备的一项技能或长处。

5. 让学生拿出全部 6 张卡片，有字一面朝下摆放，并全部打乱。然后将卡片摆成如图所示形状，然后将边缘用胶带进行粘贴。

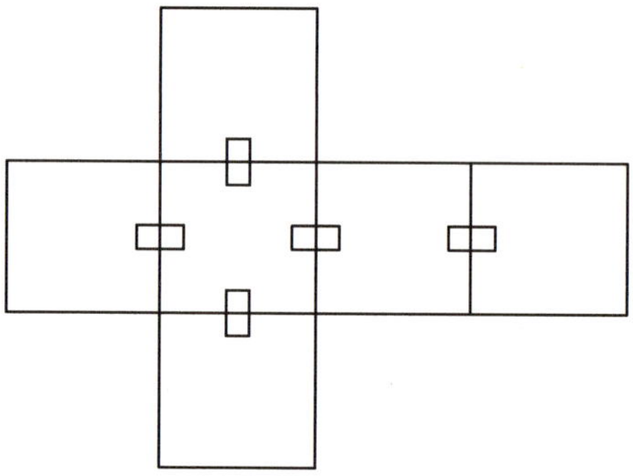

卡片布局

6. 让学生利用剩余胶带把纸张粘贴成一个立方体，有字的面朝外。

7. 让学生检查自己的技能、激情和动因的交汇点的数量。并挑选一个交汇点构思出至少一个商业机会，要求包含该交汇点相交的各平面内容。

思考与讨论：

请同学介绍自己是如何通过立方体构建商业机会的。向学生指出，通过考虑激情动因，他们可以想出很多之前不易察觉的灵感与创意。

第六章　精益创业

学习目标

1. 了解精益创业的概念；
2. 掌握精益创业的思维；
3. 掌握精益创业的实现思路；
4. 了解精益创业的步骤。

案例导学

银轮股份的精益创业之路

浙江银轮机械股份有限公司（以下简称银轮公司）位于浙江省台州市，是一家专业研发、制造和销售汽车及工程机械热管理及尾气后处理产品的股份制企业。2007 年上市，是我国热交换器行业的龙头企业、首家民营上市公司、行业标准的“组长级”起草单位和国家第一批制造业单项冠军培育企业，连续十几年位列车用换热器行业产销量国内第一。

20 世纪 90 年代，银轮公司在徐小敏的引领下，清晰地知道“市场是基础，顾客是上帝”，争取顾客的信任是一个公司生存和发展的首要条件，打出了“满足顾客需求是我们不懈的追求”的口号。当时，国内市场较低的技术准入门槛和残酷的低价竞争手段，使目光远大的徐小敏意识到，银轮公司想要突围，就要放眼国际市场，迈出国门。

银轮公司走向世界的过程中，有一个重要的转折点，那就是 1998 年冲刺美国康明斯的全球采购门槛并取得成功的事件，体现了银轮公司早期的精益创业思维。

1998 年，美国康明斯公司向 DCEC 提出，希望在中国选择几家成本低且质量满足要求的供应商纳入它的全球采购体系，徐小敏得知这一消息，决定要竭尽全力争取这个机会。

徐小敏不知道他和银轮公司即将面临巨大的挑战，在康明斯需要的 C 机油冷却器的试制过程中，康明斯提出了各种试验要求和具体的试验规范，有的试验对于银轮公司的工程师们而言闻所未闻，简直无从下手。例如，为了解决最困难的热循环试验，技术人员和工程师们费尽心思，跑遍全国到处打听，业内却没有一个人听闻过，更买不到这样的试验设备。后面银轮人从天台商机厂垃圾堆里找到一台废弃的冷冻机，经过反复修理和改造后，成为了我国行业内第一台土得掉渣的热交换器热循环试验台。

此后，银轮人为了做出符合高标准的样品，不断改模子试工艺，反反复复改过五轮图纸，做过九批样品，最终样品还要在经过自己实验室里的测试后，送至美国台顿大学实验室再做测试。这一过程银轮公司走过不计其数的弯路，也付出了巨大代价。

到了交货日，有两家公司分别为银轮公司和美国朗制造公司同一时间向康明斯公司提供了 C 系列油冷器样品。两家公司的样品经过严格的对比试验后，银轮公司的产品性能高 5%，价格低 40%，寿命试验比朗制造公司的样品强 4 倍。这意味着，美国老牌公司竟输给了一家中国小公司。由此来看，山城小厂土法制造和土法测试的产品，被逼着达到国际大公司的严格技术标准。

此次事件中，银轮公司以一种精益创业的思维理念，按照康明斯公司的需求和要求，不断探索新的样品，反复试错，直至客户满意。银轮公司最终将自身的产品研发能力和测试能力提上了一个全新的台阶，也成功获得了康明斯这第一个国际 OEM 客户，为银轮逐步实现国际化奠定了坚实的基础。

在银轮公司的发展历程中，精益创业的思维贯穿始终，帮助企业赢取了极大的竞争优势。在针对客户需求进行研发时没有大张旗鼓地投入，而是找了一台废弃设备，利用有限的资源，在最短的时间内做出产品，通过不断地小规模实验，获得客户的反馈，然后进行不断的迭代，最终让产品得到市场的验证。对于时间和资源有限的创业者，精益思维尤其重要。在机会窗口期极大缩短的高科技时代，创业者可以大幅减少花费的时间，迅速抢占市场，即使不成功，也是一种廉价的失败。

（案例编写自银轮股份自传书籍《银轮阳光 1958—2018》）

课堂思考：

精益创业的出发点是什么？我们应该怎么看待创业资源？

第一节
精益创业的思维

微视频 6-1 精益创业的思维

一、精益创业的概念

《精益创业》作者埃里克·莱斯认为，创业活动是“在极端不确定的情况下，开发新产品或新服务”。精益创业是一种以快速验证假设为核心的创业方法，可以帮助创业者在最短的时间内找到最有效的商业模式，减少浪费，降低风险，提高成功率。

二、精益创业的意义

精益创业思维的核心价值是通过建立“开发—测量—认知”的反馈循环，来衡量新创企业的进展。新创企业的目标在于探索开发出既满足客户需求，又是客户愿意尽快付费购买的产品（或服务）。除此之外，一切与验知循环无关的活动和投入，都被视为一种资源上的浪费。因此，精益创业实质上是为创新产品开发过程提供了一种全新的方式。

三、精益创业的基本思维

新创企业通过构建核心的“开发—测量—认知”反馈循环，学习衡量企业的进展情况，并集中精力把反馈循环的时间缩减到最短。概念是流程起点，也是一次循环的终点。

（一）开发：从“概念”到“产品”

这里“概念”指的是创意，就是创业者对于创意的假设。创意来源于创业者“信念飞跃”的大胆假设。这些概念是创业活动中的首要风险，包含着诸多“创意杀手”。创业者应及早开展“信念飞跃”的概念测试，主要包括价值假设和增长假设。

一旦明确创业大胆假设后，尽快进入“开发”阶段，把“概念”转化为可视化的“产品”。根据测试要求不同，对于开发产品的要求也不同。开发要做到：快速、可行、极简。

（二）测量：从“产品”获得“数据”

最小可行产品（MVP）是“开发—测量—认知”反馈循环的载体。用最少的精力、最短的时间、最小的成本，经历一次完整的“开发—测量—认知”反馈循环。

进入“测量”阶段，最大的挑战在于努力开发的产品能否带来价值，如果开发出来的产品不被客户接受，只能推倒重来。

（三）认知：从“数据”得到“经证实的认知”

新创企业运用“创新核算”的定性方法，建立起阶段性认知目标，准确、客观评估创业者的进展情况，科学地测量创业成效。过程中要避免使用“虚荣指标”，提高指标的可执行性。

创业者每次快速完成“开发—测量—认知”的循环后，就可以获得对“信念飞跃”假设的认知，更新原有对于客户、产品、商业模式的“概念”认知，从而实现由未知到已知，由不确定到确定的转变。

当创业者积累一定“经证实的认知”之后，将面临着艰难抉择：是坚持，还是转型？如果发现一个假设是错误的，创业者就需要作出重大改变，选择创业转型，设置新的创业假设。

四、精益创业的原则

（一）用户原则

创业者始终以用户需求为导向，深入调查了解用户的工作、痛点和价值。新创企业的产品设计，应从自我导向转为用户导向。

（二）行动原则

产品的投入要快速。创业者一边开发产品，一边建立用户反馈，一边修正产品。产品开发应从计划导向转变到行动导向。

（三）试错原则

精益创业是产品从不完美走向完美的过程。产品只有不断进行科学试错、重复测试和修正，才能接近完美。

创业初期，先做一个简单的模型，进入用户测试，建立市场反馈，验证假设是否正确，循序渐进，在试错中获得认知，最终实现产品与市场需求的契合。

产品开发应从理性预测转变到科学试错。

（四）聚焦原则

创业者从客户的最大痛点出发，找准目标用户，强调单点突破，寻找有效切入点，设计个性化的产品和服务。

（1）从系统思维到单点突破。以微信红包为例，一个简单的功能却能带来大量的用户。

（2）由点到面开发用户。聚焦一点单品突破，突出差异化，然后向横向、纵向延伸带动产品线。

（五）迭代原则

产品预测往往是模糊的，因此创业者要通过最小可行产品（MVP），根据用户反馈，不断优化迭代产品。

互联网时代，优化迭代被众多公司广泛实践，比如，谷歌对安卓系统的升级不再采用传统意义上的“闭门造车”模式，而是使用迭代策略，根据用户反馈信息，确认用户需求，并不断优化升级。产品升级思维从完美主义向高速迭代转变。

五、精益创业的核心环节

（一）最小可行产品（MVP）

最小可行产品（MVP）是创业者将新产品的创意用最简洁的方式开发出来，可以是产品界面，也可以是能够交互操作的原型。它的好处是能够直观地被客户感知到，有助于激发客户提出意见。

它具有以下特点：

（1）体现了项目创意；

（2）能够测试和演示；

（3）功能极简；

（4）开发成本最低甚至是零成本。

（二）用户反馈

用户反馈是通过直接或间接的方式，从最终用户那里获取针对该产品的意见。对于精益创业者而言，一切活动都是围绕客户进行，产品开发中的所有决策权都交给用户。因此，如果没有获得足够多的客户反馈，就不能称为精益创业。

客户反馈的关键信息有：

（1）客户对产品的整体感觉；

（2）客户不喜欢/不需要的功能点；

（3）客户认为需要添加的新功能点；

（4）客户认为某些功能点的实现方式需要改变；

（5）获得客户反馈的方式主要是现场使用、实地观察。

（三）快速迭代

快速迭代是指针对用户反馈意见以最快的速度进行调整，融合到新的版本中。

互联网时代客户需求变化快速，速度比质量更重要。因此，企业不必追求一次性满足用户的需求，而是通过一次又一次的迭代不断让产品的功能丰满。

| 典型案例 |

走出试错冒险，实现精益创业

张茜，2002 年出生于浙江台州，现任台州市开心宝贝母婴用品有限公司总经理，台州学院艺术与设计学院产品设计专业 2020 级学生。

张茜从大一就开始寻找创业机会，在三年的学习中，张茜始终思考如何才能将所学知识与眼界更好地运用到创新创业中，在充分的思考和准备后，她积极对接共青团台州市委、台州学院创业学院等部门的资源，组建了一支开心宝贝中小学生护足公益课堂宣讲队伍，8 位宣讲师共同携手，完成了 3 个主题、10 场公益讲座。

创业团队开辟了实体互动游戏、线上直播、亲子课堂等多种市场推广玩法，累计受众超过 700 人。在这个过程中，团队成员不断跟客户群体互动，邀请客户参与到产品设计中，了解客户对产品的看法，发现产品的不足。

此外，队伍联合台州医院进行足部 3D 数据库的婴童免费测量脚型活动以及婴童足部健康筛查活动，队伍走访多处进行实地调研，研究武汉、西安、郑州、台州、杭州、合肥等各地婴童足型，通过孩童线下体验脚型以及新品试穿实现用户体验反馈，进行设计方案迭代。

从开拓童鞋设计板块，到完善婴童足部 3D 数据库，设计稿不断迭代，现已达 500+，正式落地生产鞋款已达 50 余款，其中爆款小恐龙系列以其可爱的外观设计，舒适的穿着度、合理的价格区间，获得大量宝妈的青睐。产品一经推出，便在抖音、淘宝、京东等线上平台火爆销售。

抖音平台直播场次达 200 多场，爆款产品已打通市场，销售额达 100 多万元。现正式与代工厂签订代工协议，并增开了一家线下体验店，实现了多渠道销售。

六、精益创业的优势

（一）快速

所有的创新行为和想法都必须在最短的时间内呈现出来。创业者要抛弃一切暂不重要的其他功能，把极简的功能展现给用户，以最快的速度知道结果。

（二）低成本

创业者要采用“频繁验证并修改”的策略，确保不会在用户认可之前投入过高的成本。

（三）高成功率

从 MVP 出发，过程中每一次迭代都可以寻找客户进行试用。只有如此，才能了解客户对产品的看法，发现产品的不足，探寻客户希望增加乃至修改的功能点。

设计 MVP 时，要首先定位天使用户，为痛点（功能）排序。在此之后，要收集数据，验证 MVP 的实际效果，可采用对比测试、同期群分析、净推荐值等测度工具，最终通过定量和定性分析，完成学习和迭代的过程。

第二节 精益创业的实现思路

微视频 6-2 精益创业的实现思路

当你开始探索新的创意时，通常处于不确定性之中，不知道你的创意是否会起作用。因此，你要运用精益创业思维对创意进行提炼，判断是否具有价值。最好的方式便是开始实验，测试所有的创业假设，降低创业风险。

一、测试创业假设

创意包含了一系列假设。创业者通过设计廉价的实验，进行系统的改进，减少存在的不确定性，继而加大实验、原型的投入，以增加确定性。创业者应从客户到合作伙伴等多维度测试价值主张和商业模式的每一个方面。

（一）从概念原型到产品

创业活动源于信念飞跃。创业者在创业探索过程中，逐步将概念清晰化、可视化，一般经历以下三个阶段：概念原型、假设、产品和服务。运用精益创业理念、设计恰当实验，有助于高效率推进认知进程。

1. 概念原型

快速设计概念原型来塑造创始人的创意，可以清晰映射、跟踪、迭代和分享创意和假设。创业者需明确要取得创业成功哪些假设必须是真的。

（1）设计/创建。创业者设计商业模式，通过画布勾画出创始人的创意。

（2）衡量。它能帮助创业者从理论上推演商业模式是否符合逻辑。

（3）学习。创业者需要预先设想商业模式的财务收益，预先设定基本假设。

2. 假设

设计和构建实验来测试假设，从能毁灭你的创意的最关键的假设开始测试。

（1）设计/创建。创业者从概念原型出发，使用访谈、观察和实验，测试最初的商业模式。

（2）衡量。与你原有的假设（认知）对比，观察在实验中实际发生了什么。

（3）学习。如果你需要改变你的商业模式的某一个环节，要知道为什么。

拓展阅读

清楚地表述假设

人人天生都会做假设。每个公司的愿景都基于一定的假设，比如可以生产什么产品，用户有什么需求，需要这些产品的是什么样的用户，分销渠道有哪些，等等。商业计划书的每一部分都带有假设。但重要的是，项目团队、管理者及领导者要老老实实地了解公司计划，承认计划里既有很多有关产品性能、规格的技术假设，也有营销策略方面的商业假设。我们必须通过实验来测试假设，看看我们已经了解了哪些情况，然后再迈出下一步：要么坚持下去，该改良的改良，要么改变策略，另起炉灶。

先明确地表述假设，再深入生产环节。所幸表述不需要太复杂。有一个简单的办法——养成动笔的习惯，你对跟用户或同事的互动有什么期待，把它写下来。例如："我认为用户愿意参加后续电话访谈。""我认为软件的这个特点很重要，公司财务部会喜欢。""我认为医院会有兴趣购买我研发的这台医疗设备。"

然后问下面这类问题：

为了确保项目成功，什么样的假设必须是真的？这些假设是跟用户有关，还是跟合作伙伴或竞争对手有关？

用户的习惯、偏好、对于我们解决方案的需求，这些因素我们究竟了解多少？

有什么证据证明我们正在解决的问题是用户需要解决的问题，或他们强烈要求解决这个问题（而且愿意掏钱）？

用户对这个解决方案有什么需求，我们究竟了解多少？事先把他们认为将来会发生的事写下来，是对团队成员的一种提醒，虽然他们不一定总是正确的，但这种提醒是有益的，目的是学习。

（资料来源：《精益创业 2.0》）

3. 产品和服务

创业者构建最小可行产品（MVP）来测试价值主张。

（1）设计/创建。开发最小可行产品，测试产品服务的优势和特点。

（2）衡量。你的产品和服务是否真的能够为客户减轻痛点、创造收益。

（3）学习。如果你需要改变你的价值主张里的产品和服务，为什么需要？请思考哪些对减轻痛点和创造收益的价值主张起作用，哪些不起作用？

（二）测试价值

1. 认知客户真实需求

以客户那里收集到的实证数据为基础。只有对客户真实需求进行探索，调整产品和战略，让企业愿景与客户相匹配，我们才能改进产品。

2. 系统排除资源浪费

精益思维方式对价值定义“向客户提供利益”。创业过程中，创业者面临的很多问题如谁是客户、客户认为什么东西有价值都是未知数。需要从客户视角确认，哪些是真问题？哪些是伪问题？如果我们所做的与学习认知无关，便是一种浪费。通过客户测试，创业者学会预见浪费所在，并系统地排除它们。比如，所有那些耗费在产品功能特性、工作优先排序上的争论是没有必要的。

3. 客观评价创业进展

客户测试改变了原来的战略，让我们更聪明地探索客户的真实需求。测试时，衡量指标的积极变化成为一种量化的证据，说明我们学到的东西是真实的。这让员工、投资人等利益相关者看到了真实的进展。

4. 避免“零的愚勇”陷阱

某些情况下，比起有少量营业额，零收入、零顾客、零进展的情况更容易筹集资金或寻求其他资源。“零”让人有遐想空间，而低收入则令人质疑高收入能否实现。

创业者用低价、快速的客户测试来减少对“零的愚勇”造成的浪费，需要摆脱虚荣指标，不粉饰太平，不吹嘘成功，要凭借产品开发上的努力，走向更大的成功。

二、契合检验

（一）契合概念

1. 定义

当客户对你的价值主张感到非常高兴时，代表着你实现了契合。契合发生在你帮助客户完成重要工作、缓解极端痛点和创造基本收益时。契合是难以发现和维持的，你需努力地在价值主张设计中找到契合。契合的基本问题是：

（1）你解决客户最极端的痛点了吗？客户有很多痛点。没有一个价值主张能够解决所有痛点。请关注客户最头痛而未能解决的问题。

（2）你实现客户最基本的收益了吗？客户对产品和服务有很多希望，然而他们也知道这些希望不能全部实现。请关注能使客户获得惊喜的或很重要的收益。

客户是“法官”“陪审团”和价值主张的执行者。如果你未能找到契合，他们将对你毫不留情。

2. 检验契合度

（1）目标。目标是验证你能否解决客户最重要的事项。创业者应把痛点缓释方案及收益创造方案逐条通读，并看这些方案是否能与客户工作、痛点及收益相契合。请对每一条已经检查项目做好标志。

（2）结果。结果是判断产品和服务是否与客户的工作、痛点及收益相契合。如果痛点缓释方案和收益创造方案未能与任何一项客户工作、痛点和收益相契合，那么表明不能给客户创造价值。

（二）契合三个阶段

寻找契合是创业者围绕客户真正关心的工作、痛点和收益来评价产品和服务，是设计价值主张的一个过程。契合发生在以下三个阶段：

1. 第一阶段：问题—方案契合

这种契合也称“逻辑上”的契合，可证明你的价值主张能解决客户关心的工作、痛点和收益。

（1）发生条件。一是有证据表明创业者真正认识到客户工作、痛点及收益。二是设计一个能解决工作、痛点及收益的价值主张。

（2）基本特征。创业者相信自己的价值主张能够覆盖你所识别的客户工作、痛点和收益。但是，尚未有依据证明客户对你的价值主张感兴趣，价值主张仅仅停留在“逻辑上”的契合。

2. 第二阶段：产品—市场契合

这种契合也称“市场上”的契合，即证明客户想要你的价值主张。

（1）发生条件。有证据表明你的产品和服务、痛点缓释方案及收益创造方案能真正创造客户价值，受到市场欢迎。

（2）基本特征。你需要努力验证或者否定价值主张潜在的假设。找到第二阶段的契合是一个漫长反复的过程。你无法避免早期的许多想法不能创造客户价值，因此你需要重新设计价值主张。

3. 第三阶段：商业模式契合

这种契合也称“银行里”的契合，即证明你的价值主张打造的商业模式可实现、可盈利。

（1）发生条件。有证据表明你的价值主张一定能植入可盈利、可持续的商业模式中。

（2）基本特征。一个好的价值主张，如果没有好的商业模式，那么意味着不理想的财务收益，甚至会导致失败。寻找商业模式契合是一个费时费力的过程，需要在为客户创造价值的价值主张与为组织创造价值的商业模式之间来回探寻。只有收入来源大于成本结构，才能实现商业模式的契合。比如，不粘锅涂层修复项目。一方面，低档不粘锅销售价格只有 100 元左右，限制了涂层修复服务的定价。另一方面，涂层修复服务涉及“双向物流”，物流成本居高不下。因此，哪怕客户需求指数非常高，但也难以实现商业模式的契合。

（三）多重契合

有些商业模式需要在多个价值主张与客户群相结合时才有效，因此需要在每个价值主张及其相应的客户群中找到契合。

比如，空中食宿是一个双边平台，将有多余空间可用于出租的当地居民与正在寻找住所的旅游人士相连接的网络平台。在此情况下，商业模式需要满足两类价值主张：一是用于当地居民；二是用于旅游人士。

三、测试实验与商业计划

精益创业认为创业者面对高度不确定性的环境应系统地测试创意、认知客户、获得学习，逐步降低管理风险和不确定性。

（一）生成假设

快速塑造你的创意，不断迭代更新，生成假设。

（二）快速实验

创业者面对高度不确定的环境时，通过与客户、合作伙伴访谈，快速获得第一手关于市场的洞察力，需采用廉价、快速的小实验，分步验证假设。当有证据表明创业团队已经沿着准确方向行进时，创业者再考虑更加可靠、比较慢速的方法继续探索。

（三）速度优先

在价值主张设计的早期，创业者面对的不确定性最大。创业者不知道自己关注的工作、痛点和收益能否引起客户共鸣，更无从谈及让客户对自己的价值主张产生兴趣。

因此，在早期设计一些快速的实验，并获得洞察力很重要，使得创业团队可以快速进行调整。如果在早期就开始撰写商业计划书或者启动大型的第三方市场调研，往往是错误的。这些行为在后期比较有效。

第三节 精益创业的步骤

微视频 6-3 精益创业的步骤

一、商业模式测试设计

（一）测试内容

商业模式测试，提出你所主张的商业模式假设，并提供证据证明你打算创造、交付和获得价值的方式是有可能发挥作用的，能创造比成本更多的收益。

（1）测试目标。即测试商业模式的可持续性。高度重视利润的方程式为“利润＝收入－成本”。

（2）关键问题。即评估商业模式的关键问题：

一是转换成本。客户转换到新创企业是简单还是困难？

二是循环收益。每次销售是一次性交易，还是会带来有保证的后期收益和订单？

三是收入与支出。你可以产生比实际花费成本更多的收入吗？

四是成本结构。与竞争对手相比，你的成本结构是否有本质的不同？

五是可拓展性。你的商业模式能否发挥更大作用？

六是竞争保护。你的商业模式在竞争环境中能给你提供怎样的保护？强大的商业模式，通常竞争对手难以模仿，如苹果应用商店提供了强大的保护屏障。

特别提醒：再好的价值主张，如果没有健全的商业模式，也会失败。

（二）测试对象

1. 天使客户

天使客户能够接受不太完美甚至有些缺陷的早期产品，并且愿意和新创企业一起试用、验证和反馈，甚至参与产品开发，共同完善产品。他们具有以下共性：热爱产品，能从口碑、产品改进等角度促进产品从小众走向大众。

创业者进行客户细分，寻找天使客户，通过客户访谈确定产品方向。

2. 合作伙伴

轻资产创业有助于降低创业风险。创业团队往往通过策略性地整合资源，推进创业活动。

合作伙伴主要包括关键资源拥有者和重要的合作对象。创业者前期对于关键资源和重要合作的假设，均来自于创业者的自我认知和猜想。需要确认你的价值主张是否能够得到他们的理解和支持。

（三）测试原则

1. 事实胜于雄辩

创业团队要树立“证据胜过意见”的准则。无论你是创始人，还是投资人，还是合作伙伴，都要达成共识，尊重市场事实，用证据战胜一切。

2. 失败是成功之母

创业团队通过拥抱失败、更快学习来降低风险。测试创意的过程，往往伴随着多次失败。然而，一系列低成本的失败能引导团队成员从中学习，从而降低创业风险。

3. 先测试后细化

在详细思考或描述你的创意之前，请收集早期测试实验的洞察力。

4. 实验≠现实

创业者需要牢记：实验只是一个透视镜。你通过它可以尝试了解现实，但是它不等于现实。创业者需要反复实验，透过表象探寻本质。

5. 平衡收获和想象力

请将测试结果集成一体，当测试结果和想象力存在差异，不要完全推翻你的想象力。

6. 识别创意杀手

首先测试最重要的假设：那些可能毁掉创意的假设。

7. 始终围绕目标客户

在测试你的解决方案之前，请先测试你对客户的工作、痛点与收益的假设。

8. 确保测试结果可衡量

好的测试可以带来可以衡量的学习体验，进而推动你的行动。

9. 评估证据的可靠性

受访者可能一心二用。因此，创业者并不能照单全收，需要客观评价已经获得的证据的可靠性。

10. 多次测试不可逆转的决策

请反复测试这些重要决策，确保那些不可逆转的决策已被相关人员知晓，促使创业团队达成共识。

二、商业模式测试实验

（一）测试类型

常见的测试类型包括概念测试、样品测试和销售测试。

1. 概念测试

为了提高准确率，测试需要一定的样本量。概念测试比较适合用市场调查的方式，如问卷调查。

（1）从多个产品概念中选择最合适的进行测试。

（2）测试该产品概念是否能够带来商业价值。

（3）这个商业价值能否得到目标客户和潜在客户的认可。

（4）企业如何更好实现产品概念，以便实现商业价值。

2. 样品测试

通过概念测试后，创业者应尽快制作产品样品（如 MVP）进行样品测试，来检验概念能否很好转化为产品，以及产品能否受到消费者的喜爱。

（1）内部测试阶段。即让员工试用新产品，找到明显的产品缺陷，加以改进。

（2）公开测试阶段。即邀请部分客户进行测试，并进行客户调查。

（3）持续测试阶段。即提供给客户一部分样品，让他们持续使用。其目的是检验客户是否真正需要你的产品，是否会持续购买你的产品。

3. 销售测试

经过样品测试后，创业者需要进行“试销”测试。一是检验增长假设，预测产品销售的前景和利润；二是检测增长引擎，测试产品营销策略是否妥当，根据反馈进行修正。

（1）试销方案。通过试销获取数据和后期评估。

（2）试销区域。选择局部区域进行试销。

（3）试销方法。选择什么渠道、媒体进行试销推广。

（4）试销周期。确定试销的时间窗口。

（5）成本预算。安排试销的预算。

（6）试销评估。收集信息，并进行评估。

（二）测试方法

常用测试方法有以下几种：

1. 客户访谈

一是通过与天使客户进行互动，了解客户的需求信息，验证价值假设是否成立；二是向客户解释产品功能，并了解客户的产品功能的排序，为产品调整提供依据。

访谈可以通过线上或线下进行。线上，通过微博、微信、论坛等社交媒体与客户进行互动交流，获取客户的需求信息；线下，通过与天使客户面对面交流，以最直接的方式获取客户反馈。

2. 产品预览

产品预览可能仅仅是一个网络页面，但是，它可以让潜在客户了解产品概况，并让创业者通过客户的点击获得反馈意见。产品预览既是介绍产品特性的一种营销手段，也是进行客户测试的方法。新创企业可以借此了解产品能否达到市场预期。比如，增加一个单独的页面来显示不同产品的价格、客户可选价格套餐等有关产品价格信息。客户的点击情况可以帮助企业修订定价策略，使产品更有竞争力。

3. 产品众筹

目前，产品众筹网站为新创企业进行客户测试提供了良好的平台。新创企业通过发起产品众筹，根据人们的支持情况，判断客户对产品的态度。产品众筹可以帮助新创企业接触到对产品有浓厚兴趣的天使客户，获得他们的反馈意见，这对创业活动至关重要。

4. 小规模用户测试

创业者假定某产品已经具备预期的功能，通过为小规模客户提供个性化的人工服务，检验商业模式的假设。

（三）测试步骤

测试过程可以分为 6 步骤。

1. 生成假设

为成功实施创业者的创意假设，创业者必须经过测试来验证哪些假设是成立的。创业者要结合创意，围绕商业模式来提出需要检验的假设。

2. 将假设排序

并不是所有的假设都是同等重要的。有些可以毁掉创意的假设，我们称之为“创意杀手”。还有些假设是在原假设基础上派生出来的，这类假设在原假设成立的前提下才能起作用。因此，我们需要从原本最重要的假设开始测试。

（1）重要性排序。创业者应将假设按照对创业活动的生存和发展的重要性程度进行排序。对于生存至关重要的假设排在最上面。比如，关于客户极端痛点的假设，如果这个痛点实际上并没有那么严重，那么基于这个痛点提出的主张就会大打折扣。

（2）高风险排序。同等条件下，优先挑选最冒险的假设来测试。比如，广告销售的媒体业务有两个基本假设：能否持续捕获既定客户细分市场的注意力？能否把这种注意力卖给广告商？显然，前者风险更高。因此，第一个实验应该涉及内容制作，而不是广告销售。公司制作一个试映片段或试刊，用以观察其如何吸引顾客。

3. 设计测试

设计简单的测试卡用来测试假设。

（1）测试卡内容。测试卡卡头包括测试的主题、时间和负责人等基本信息。测试卡内容包含描述假设、测试描述、衡量指标和成功标准。其中，描述假设要说明该测试的关键程度，测试描述要说明测试所需投入的成本以及收集数据的可靠性程度，衡量指标要说明测试的时间和时长；成功标准要制定明确的测试成功条件，比如测试谷歌关键词广告，成功标准制定为达到 2%点击转化率即可。

（2）测试卡排序。请将最关键的假设排在最优先测试的位置，同时，创业者可以考虑将那些廉价和快速的测试放在早期进行。随着确定性的增加，创业者进而增加测试预算，进行更精确、更可靠的测试。操作技巧：为一个相同的假设，创建不同成本的几个测试卡。

4. 运行测试

请从排在顶部的假设开始实验测试。创业者如果第一次实验就检验出原本的假设不成立，那么应该停止后续的测试，并不得不回到测试的第一步，重新设计创意假设，重新测试。

5. 获取认知

设计简单的学习卡用来归纳通过测试得出的观察、认知。

学习卡卡头至少包括测试的主题、时间和负责人等基本信息。学习卡内容包含描述假设、观察、洞察力与学习、决定与行动等四个板块。其中，观察要说明测量数据的可靠性程度，洞察力与学习要说明后续行动的强度。比如，谷歌通过关键词广告的测试，从而获得一个认知，即如果创业者在谷歌搜索上发布的广告，能做到“2.5%的点击转化率”，那就可以推广一个全新市场。

6. 取得进展

通过实验测试，取得如下三个进展中的一个：无效、延伸测试或通过测试。

（1）无效。回到测试起点，重新审视假设。当创业者测试第一个假设就被验证无效时，就要回到测试起点，从头再来。创业者甚至可以重新寻找新的细分市场，重新设计新的价值主张和商业模式，让创意假设能够得以执行。

（2）延伸测试。测试结果尚不明确或部分有效，那么考虑进一步测试。一是寻求确定性结果。基于少量快速和早期的测试，创业者要采取更有力的行动，进一步设计测试。比如，当潜在客户在访谈过程中对需要高投入的产品和服务感兴趣时，创业者需要跟进设计一些延伸实验测试，生成更有针对性的可靠数据。二是加深理解。当创业者发现某个趋势正在发生变化，便可进一步测试了解为什么会发生这种变化。比如，实验测试表明潜在客户对创业者的原本假设不感兴趣，这时需要跟进访谈客户，了解他们为什么不感兴趣。

（3）通过测试。每一次实验测试通过后，原本的假设得以确认，便可进入下一个测试或直接执行假设。一是扩展到下一个模块。当你对获取的测试结果是可靠的满意的，那么就继续前进，测试下一个重要的假设。二是执行假设。当创业者的大部分假设都通过时，便可以进入执行假设阶段。

典型案例

从一盒酸奶到食品王国：乐纯的精益创业之路

2014 年诞生的北京乐纯悠品食品科技有限公司，是中国酸奶行业的独角兽公司。从一家 35 平方米的酸奶店起步，在短短几年时间里，乐纯即建立了以酸奶为核心产品，同时围绕用户需求拓展多种健康食品品类的王国。

在产品研发方面，乐纯让顾客直接全程参与到酸奶的制作过程中来，让用户变成产品的生产研发参与者。

乐纯的微信公众号发布了一篇《完全透明公开：一盒小小的原味酸奶背后的 8 个产品细节》。文章详尽地描述了乐纯酸奶的配方和制作流程，收集客户反馈、及时调整产品并创新产品等方式体现了以客户为核心的本质。

例如，推出榛子香草新口味酸奶，就是借鉴了客户反馈而重新调整酸奶配比，并多次邀请客户试吃，从而替代了客户认为口感并不是最佳的香草栗子酸奶。这一过程中乐纯借助数字化平台进行试错实验，推出最小化产品后，基于客户反馈快速完善产品，并开展试吃迭代，不断优化精益创业的迭代循环。

（资料来源：《清华管理评论》，2021 年 04 期）

本章小结

精益创业思维通过构建核心的“开发—测量—认知”验知循环，学习衡量新创企业进展情况。精益创业思维的价值在于快速、低成本和高成功率。

精益创业主张的测试实验是创业者对商业模式中的天使客户、合作伙伴等环节设计测试实验。测试类型包括概念测试、样品测试和销售测试。常用测试方法有客户访谈、产品预览、产品众筹和小规模客户测试等。通过测试实验，获取认知。测试取得三种进展结果有无效、延伸测试、通过测试。

思考与练习

1. 精益创业的核心思想是什么？
2. 精益创业的主要原则有哪些？

教学活动

活动 1　棉花糖塔

活动目的：

本活动用于例证在不确定的环境中，创业者们采用试验和迭代学习的方法，去发现有关的信息，进而达成目标。

活动道具：

每组学生发放以下材料：棉花糖 1 个、意大利面条 20 根、美纹纸胶带（1 米）、棉线（1.5 米）、剪刀 1 把，再准备卷尺 1 把供教师测量使用。

活动过程：

1. 任务目标是搭建最高的独立结构，获胜小组是指课桌面到棉花糖顶部之间距离最长的结构的小组。这意味着该结构不能从更高结构上悬挂，如椅子、房顶或吊灯等。

2. 搭建要求：

（1）整个棉花糖必须位于顶部：切除或吃掉部分棉花糖意味着该小组的资格被取消；

（2）按照自己的选择使用材料：可以全部使用 20 根意大利面条，也可以不全部使用，棉线和纸胶带也是如此，根据你们的选择而定；

（3）可以折断意大利面条、棉线或胶带：小组可以自由折断意大利面条或切断胶带和棉线来创造新结构；

（4）挑战时间为 20～30 分钟：当时间用完后，不能继续搭建结构，那些在时间结束后触碰或支撑结构的小组将被取消资格。

3. 搭建过程中，各小组可以随时要求老师测量高度并记录，教师可以大声宣布各组成绩，以激励各组尝试更优方案。搭建完毕后，公布各组最终成绩，可以给予一个小奖励（譬如棉花糖）。

思考与讨论：

1. 在搭建结构时，你们使用了什么流程？大部分时间是进行计划、草绘还是试错？

2. 搭建过程出了什么问题？是如何应对的？

3. 如果你们有再一次机会，你们会怎样搭建？

小结：

1. 在不可知环境中，采取行动要胜于制订计划。

2. 从小规模试验和试错中学习可以产生更独特的方案——特别是当未来不能预测时。

3. 失败可以为改进产品或服务提供重要的经验。

活动 2　叠杯子竞赛

活动目的：

这个活动给学生一个动手操作的机会，借此思考在管理创业企业过程中遇到的运营挑战。

活动道具：

182 个杯子（最好是大塑料杯），计时工具。

活动过程：

1. 在班里选出四名学生，让他们比赛，看谁在最短时间内摆好并收起 28 个杯子组成的金字塔，要求是每一层都比下面一层少一个杯子，28 个杯子组成的金字塔会有 7 个杯子的高度。教师要强调，这不是一个考查创造力的设计比赛，而是考查按照结构要求摆起和回收杯子的速度。

2. 比赛开始前，每人面前的桌上都摆好整齐地套在一起的 28 个杯子。比赛时，让他们各自把杯子摆成事先要求的金字塔结构，然后将金字塔拆解，收起杯子还原初始状态，并放回桌面。谁花费时间最少，谁是赢家。

叠杯子示意图

3. 比赛结束后，向全班同学提出以下问题并讨论：

（1）为什么获胜者能拿第一？

（2）你如何评价获胜者快人一步的行动过程？

（3）你注意到获胜者行动过程中的哪些方面？

（4）你认为过程中哪些问题应该尽量避免？

向另外三位参赛者提出问题：“如果重新再赛一次，你打算改变的地方有哪些？”

4. 从刚才参加竞赛的四名学生中邀请两位速度最快的参赛者，让他们交手。同时告诉他们接下来将要进行的是团队竞争，需要他们选一名合作者，合作者可以是参加过比赛的同学也可以是班上的其他同学。

5. 团队组建完成后，给每个团队 92 个杯子。此时教师已经大幅增加了杯子数量，但是不要给出其他任何解释，尽可能快地让团队开始比赛。若搭建合理，最终的金字塔结构将达到 13 个杯子的高度，当有团队搭建完成金字塔并拆解杯子为原始状态后比赛结束。

6. 再一次在全班进行以下问题的讨论：

（1）为什么获胜者能拿第一？

（2）你如何评价获胜者快人一步的行动过程？

（3）你注意到获胜者行动过程中的哪些方面？

（4）你认为过程中哪些问题应该尽量避免？

关键问题：比较 91 个杯子和 28 个杯子对挑战者的影响有什么不同？从上述练习中可以得到什么启示？

第七章　创业资源与融资

学习目标

1. 认知创业资源对创业的重要性；
2. 了解创业过程中所需的主要资源；
3. 掌握创业资源开发整合的方法和技巧；
4. 运用资源基础理论等解释创业活动；
5. 理解创业资源整合难的原因。

案例导学

伟星：创业资源从无到有

伟星集团创业于1976年9月，经过46年发展，已成为拥有服装辅料、新型建材、光学制品、房地产、水电、伟星资本6个产业，10多个工业园区、100多家分支机构的企业集团，自主培育了伟星股份、伟星新材两家上市公司。

20世纪70年代中期，我国农村出现了社队企业较快发展的趋势，一些大中城市的邻近地区社队企业已有一定规模。偏僻的台州山村广大社队干部艳羡不已，但是他们一无项目，二无人才，心有余而力不足。

正在这时，天津市开始整治农村“重工轻农”的倾向，天津郊区有一生产纽扣的草场河大队塑料厂被迫停办，主管生产的技术副厂长明丕白一时成为无用之才。1976年，尤溪公社党委书记张甲木得知这一消息，即派人到天津拜访明丕白。明丕白，湖南临澧人，少年时期就读于天津塘沽一中，因成绩优异被选为留苏预备生，由于种种原因而未能成行，后进入天津塘沽职工大学攻读化工专业。1968年起从事化工工作。

这样的人才，对于一个偏僻山乡来说，当然是求之不得的。在尤溪人的热情邀请下，明丕白到尤溪考察三次，均受到盛情款待。1976年，明丕白带着身怀六甲的妻子和四岁的女儿来到了尤溪。明丕白的到来，带来了项目和技术。尤溪公社投资三万八千元，其中三万元购买了天津草场河塑料厂的全部设备和原材料。经过一番筹备，1976年9月29日，一家专业生产纽扣的工厂——尤溪有机玻璃厂诞生了。这就是今日浙江伟星集团的前身。

尤溪有机玻璃厂一成立，明丕白即投入全部的感情和心力，他不仅负责生产技术的开发，而且在未来发展、市场开发、企业管理方面充当决策者。

人才资源稀缺，明丕白决定自己培养。1985年明丕白开始对企业骨干的培养作出计划性安排，他在厂内挑选了30多名各方面素质都比较好的高中毕业生，以师傅带徒弟的形式，言传身教进行精心培养。企业发展壮大以后，明丕白采用由企业出资，选派素质较好、有发展前途的职工和中层干部到大专院校深造和专业函授培训的方式，来加速中坚骨干力量的培养。

现任伟星集团常务副董事长、总经理章卡鹏就是其中一位。章卡鹏于1982年进入伟星，在担任车间主任时，明丕白要求他每天写总结，鼓励他说：“你能坚持两年，就毕业了。”对他的“作业”，明丕白每次都认真批改，坚持了整整两年！ 通过不断地实践，不断地提升，章卡鹏被评为台州市企业管理先进工作者、台州市优秀科技青年、省青年星火带头标兵、全国农村青年星火带头人。

经过多年专业研发、制造和销售，浙江伟星实业发展股份有限公司已经从生产小纽扣的服装辅料企业发展到拥有国家级拉链、纽扣技术研究中心及省级技术中心，并成为年开发新产品5000多个，年产各类中高档纽扣65亿粒、拉链1.5亿米的中国服装辅料行业最大的纽扣生产企业之一，成为了拥有六大产业、十个工业园、两家上市公司、员工12000多人、总资产超200亿元的国家级企业集团，并先后获得了“中国大企业集团竞争力500强、全国民营企业500强”等多项荣誉。

创业资源不同于商业资源，在创业之初人力资源往往是创业中最关键的因素，创业者的知识、能力、洞察力、经验影响到创业过程的顺利与否。伟星一开始一穷二白，靠着公社书记的一腔热血，拉来了关键的人才明丕白，才逐渐走上了正轨。后面发展过程中还是面临缺人难题，创业者只能自己培养。伟星创业者的选择也证明，自己所能控制的资源才是真正的资源，我们可以充分利用现有的资源创造新的价值。

（资料来源：伟星集团的发展简史）

课堂思考：

创业初期我们需要什么样的资源？需要有什么样的资源策略？

第一节 创业资源概述

微视频7-1 创业资源概述

一、创业资源的概念

创业资源是指企业创立及成长过程中所需要的各种生产要素和支撑条件，是创业企业在创造价值过程中所需要的特定资产。

对于创业者来说，只要是对其创业项目和创业企业的发展有所帮助的要素，都可以归入创业资源的范畴。创业者既要积累个人资源，也要善于创造性地整合社会资源，以创造有利于创业的良好条件。

拓展阅读

创业资源与一般商业资源的比较

创业资源与一般商业资源既有相同点，也有一定的区别。

创业资源是商业资源，但不是所有的商业资源都是创业资源，因为只有创业者可以利用的资源才是创业资源。例如，一座无人开采的价值巨大的矿山是一种商业资源，但该矿山不一定是创业资源，因为创业活动多数具有轻资产、小团队的特征，创业者一般没有能力通过开发一座价值连城的矿山而开始创业。

创业资源更多表现为无形资源，一般商业资源则更多表现为有形资源。创业资源的独特性更强，创业者的个人能力和社会网络资源是其中最为关键的因素；一般商业资源中，规范的管理和制度则是企业取得成功的基础资源。

二、创业资源的分类

（一）按性质分

按性质分，创业资源可分为人力资源、财务资源、物质资源、技术资源和组织资源。

人力资源：不仅包括创业者及创业团队的知识、训练和经验等，也包括团队成员的专业智慧、判断力、视野和愿景，甚至创业者本身的人际关系网络。创业者是创业企业最重要的人力资源，其拥有的人际和社会关系网络使其能够接触到大量的外部资源，降低潜在的创业风险。由于企业之间的竞争主要是人才之间的竞争，高素质人才的获取和开发便成为创业企业可持续发展的关键因素。

财务资源：主要是指货币资源，通常是创业企业向债权人、权益投资者通过内部积累筹集的负债资金、权益资金和留存资金。一般来说，创业初期以不高于市场平均水平的资本成本及时筹集到足额的财务资源，是创业企业成功创办和顺利经营的前提条件。

物质资源：是创业企业经营所需要的有形资源，如建筑物、设施、机器和办公设备、原材料等。一些自然资源如矿山、森林等有时也会成为创业企业的物质资源。

技术资源：包括关键技术、制造流程、作业系统、专用生产设备等。通常技术资源包括三个层次：一是根据自然科学和生产实践经验而发展成的各种工艺流程、加工方法、劳动技能和诀窍等；二是将这些流程、方法、技能和诀窍等付诸实施的相应的生产工具和其他物资设备；三是适应现代劳动分工和生产规模等要求的对生产系统中所有资源进行有效组织和管理的知识、经验和方法。技术资源大多与物质资源相结合，可以通过法律手段予以保护，部分技术资源会形成组织的无形资产。

组织资源：一般是指企业的正式管理系统，包括企业的组织结构、作业流程、工作规范、信息沟通、决策体系、质量系统，以及正式或非正式的计划活动等，有时候组织资源也可以表现为个人的技能或能力。其中，组织结构是一种能够使组织区别于竞争对手的无形资源。那些能将创新从生产功能中分离出来的组织结构会加速创新，能将营销从生产功能中分离出来的组织结构能更好地促进营销。

（二）按存在形态分

按存在形态分，创业资源可分为有形资源和无形资源。

有形资源：是指具有物质形态的、价值可用货币度量的资源，如组织赖以生存的自然资源，以及建筑物、机器设备、原材料、产品、资金等。

无形资源：是指具有非物质形态的、价值难以用货币精确度量的资源，如信息资源、关系资源、权力资源及企业的信誉、形象等。无形资源往往是使有形资源更好发挥作用的重要手段。

（三）按重要性分

按重要性分，创业资源可分为核心资源和非核心资源。

核心资源：包括技术资源和人力资源。这些资源涉及创业企业有别于其他企业的核心竞争力。

非核心资源：主要包括场地、资金和环境资源。这些资源是创业企业成功创办和持续经营的基本资源。

（四）按来源分

按来源分，创业资源可分为内部资源和外部资源。

内部资源：是指创业者或创业团队自身所拥有的可用于创业的资源，如创业者的资金、技术、创业机会信息等。

外部资源：来自外部机会的发现，是创业者从外部获取的各种资源，包括从朋友、亲戚、商务伙伴或其他投资者筹集到的投资资金、空间、设备或其他原材料等。

| 典型案例 |

梦芭莎善于利用各种创业资源

梦芭莎是中国女性内衣电子商务第一品牌。目前梦芭莎不仅仅只做女性内衣，其旗下已拥有女装、男装和童装等一系列自主品牌。“跟许多 B2C 品牌创始人的 IT 业背景身世不相同，我们之前的经历倾向商场推广这一方面。”梦芭莎 CEO 李曙东说道。

1997 年，仍是广州美术学院三年级学生的李曙东就自主创办自己的公司，并认识了时任贝塔斯曼总司理佘欣承。两人一见如故，并曾几次通过电子商务进行合作创业。当时网购还没有出现像支付宝那样的第三方担保，很多人在网上购物时常常被骗，因此，电子商务普遍被认为是骗人的。由于当时网购还不成气候，再加上团队矛盾等问题，最终他们的创业以失败告终。

2006年，一次偶然的机会，李、佘两人再次相遇。在麦考林负责电子商务拓展的佘欣承，从麦考林超30倍的增长率中看到“电子商务大有前途”。佘欣承说，我懂电子商务，你会服装设计，又为多个线下的女性内衣品牌做过营销策划，如果我们再次合作，将服装卖到网上，一定会成功。两人一拍即合，经过深入研究，决定在网上销售女性内衣。

很快，佘欣承与李曙东共同投资30万元创办了广州摩拉网络科技有限公司，并建立“梦芭莎”网站主销女性内衣。然而，当30万创业资金很快花完的时候，内衣并没有像他们想象得那样在网上疯狂热销，合作创业几乎接近破产的边缘。他们决定放弃，但又心有不甘。于是再找亲朋好友借钱，决定从头再来。

李曙东苦苦地思索失败的原因，并找到懂市场营销的朋友共同研究出路。经过研究发现，商品的定位有问题。产品没有技术含量，把内衣做成像衬衣那样的标准化，导致商品与线下品牌陷入价格战，产品没有质量优势。如果做定制化商品，人群又过于狭隘。

李曙东决定放弃原来的低标准，以知名品牌内衣的高标准作为自己品牌的标准，提高内衣的品质。由于他们自己没有生产技术和工厂，因此，他积极与多家品牌内衣代工厂合作，按照自己制定的标准，要求服装厂生产出与知名品牌内衣品质完全一样的女性内衣，最后贴上自己的牌子，而商品定价只有品牌内衣的一半。这样客户就可以用一半的钱买到与品牌一样品质的内衣。

同时，在定制内衣方面，他决定转变观念，打破传统品牌依照花边色彩做商品系列的传统做法，坚持依照女性体型来做方案。他深入研究了亚洲女性的体型，并设计出100多种细分的体型，要求设计师根据100多种体型设计出符合亚洲女性特点的内衣来。因为通过网络购买内衣不能试穿，为解决这个问题，他们制定了梦芭莎的标准，根据这个标准，只要知道三围就可以找到适合自己的杯型。由于标准升级，梦芭莎商品的品质和价位得到众多网友的追捧。

为了彻底打消下单付款后内衣不合身的问题，梦芭莎决定对客户实行零风险承诺，即凡是在梦芭莎网上购买的内衣不合身或不喜欢的，一个月内无条件退货，并且免掉所有快递费。有朋友问他，这样做会不会有很多退货。李曙东告诉大家，不但没有很多退货，反而提高了品牌的信任度，总退货率还不到1%。

通过五年的努力，梦芭莎总资产从30万元变成了5亿元，现在年销售额在1亿元以上。据说后来他们还在中央电视台和腾讯网打广告，一年的广告费都在上亿元，并且邀请明星作为梦芭莎的形象代言人。目前，已有多家风险投资公司找到他们，要求投入更多资金帮助他们上市。

梦芭莎的故事告诉我们，创业有成功，也会有失败。要想达到成功，就要在正确的市场营销思想指导下，善于利用各种技术资源、资金资源、人力资源，始终做到为客户着想、为客户创造超值的服务，形成独特的企业品牌。依靠品牌的影响力，不断提升销售业绩，扩大市场的占有率，并最终达到成功。

三、创业资源的获取

（一）技术资源的获取

企业要参与生产，就必须具有起步项目所依赖的技术。获得这些技术的方法有：

1. 吸引有技术的人

给予一定的技术股份，即技术入股。马云创业时就是通过技术入股的方式吸引掌握电商技术的朋友加盟的。

2. 购买他人的成熟技术

购买时要充分考虑技术的使用周期，并对技术的市场寿命进行分析。

3. 技术再开发

先购买别人的核心技术，再充分利用现有的条件，对技术进行第二次开发，使技术符合商业化要求。

4. 同时购买技术和技术持有者

将技术和技术持有者一起购买。有些技术购买以后，如果不进行第二次开发，就会在一定的时间后被市场淘汰。而技术升级又需要懂得这一技术的专业人员。购买技术的同时购买技术持有者，可以为技术升级和可持续发展提供坚强的后盾。

5. 自己研发

如果创业者自己具备专业技术能力，可以自己研发技术。但这种方式耗时长、耗资大，需要具备一定的专业水平。

（二）人力资源的获取

人力资源是企业可持续发展的决定性因素。获取人才的常见方法有：

1. 招聘

到人才市场上公开招聘需要的人才。但是，在人才市场上有时也很难招到合适的人才。要找到适合的人才还需要全方位的考察。

2. 熟人推荐

由于在人才市场上招聘的人一般为陌生人，了解还需要一段时间。很多企业直接从朋友圈中选人，就是让朋友介绍朋友，利用熟人关系进行推荐。

3. 合作

利用同学关系、朋友关系，几个人合作创业。

4. 整合团队

将别的团队与自己的团队合作，共同创业，这样可以快速提升企业的战斗力。很多直销团队都是因为善于整合其他团队从而快速壮大自己团队的规模的。

（三）创业资金的获取

1. 自筹资金

利用个人储蓄或向亲戚朋友们借款，这是最传统、也是最便捷的资金来源。利用自筹资金可以自享收益，创业成功后也不会引起权益的纠纷。但是也要自担风险，所以，要充分考虑到创业失败后个人的承受能力与心理底线。不能光想着赚钱，不想到亏钱。

2. 小额贷款

目前很多商业银行提供无抵押小额贷款，符合条件的可以申请。中国人民银行《下岗失业人员小额担保贷款管理办法》规定，凡年龄在 60 岁以内、身体健康、诚实守信、具备一定劳动技能的下岗失业人员，自谋职业、自主创业或合伙经营与组织起来就业的，其自筹资金不足部分，在贷款担保机构承诺担保的前提下，可以持劳动保障部核发的《再就业优惠证》向商业银行或其分支机构申请小额担保贷款。小额担保贷款利率按照中国人民银行公布的贷款利率水平确定，不向上浮动。从事微利项目的小额担保贷款由中央财政据实全额贴息。

3. 创新创业基金支持

当下，政府支持创新创业的政策非常利好。各级各地政府对大学生创新创业提供一定的孵化基地和创新创业基金。创新基金是一种引导性资金，目的是通过吸引科技创业投资机构和金融机构针对中小企业技术创新的投资，逐步建立起支持中小企业技术创新的新型投资机制。积极参加政府举办的创新创业大赛，获奖者有机会获取专项的基金资助。

4. 所有权融资

这包括吸引新的拥有资金的创业同盟者加入创业团队，吸引成熟企业以股东身份向新企业投资、参与创业活动，以及吸引企业孵化器的股权资金投入等。

5. 风险投资

风险投资目标是创造高额收益。如果你的项目够好，有很大的吸引力，就可以吸引投资者前来投资。所以，要详细撰写一份可操作性强的创业计划书，以争取风险投资者的关注。

（四）客户资源的获取

1. 介绍推广

很多企业都有推广提成的做法，无论是内部员工、业务员还是其他合作者，凡是为企业介绍新的客户，都给予一定比例的业绩提成，极大地激励了大家的积极性，能够在很短时间内获取大量的客户资源。

2. 建立朋友圈

在互联网时代，可以通过博客、微博、微信等途径建立朋友圈，积累自己的粉丝，这相当于建立一个客户资源库。有了客户资源再去创业是很多人的成功之道。小米手机创业之初就采用这种方式。

3. 战略合作

与利益相关的企业进行战略合作，对方将客户介绍给自己，自己将客户介绍给对方，进行客户资源的交换。这样，可以在很短的时间内，快速获得大量现成的客户资源。

拓展阅读

创业路上，“人”才是最重要的资源

2010 年，在公司和伙伴们的帮助下，第一家桃花季内衣店在深圳顺利开业。迄今为止，创业者张某名下一共拥有 7 家分店，每月店均业绩在 17 万元左右，这一切离不开公司及她的团队伙伴。

创业者张某说：“一路走来，我与我的合作伙伴们，一直以干事业的心态去经营、去发展。我们一起欢笑、一起奋斗，相互扶持、相互鼓励，我们是合作伙伴，更是知己好友。是他们让我明白：创业路上，‘人’才是最重要的资源！”

大家都知道，企业的内功修为体现在企业文化建设上。创业者张某曾在桃花季公司总部参加过很多活动和培训，深深感受到优秀团队文化的力量。张某还说：“公司是大团队，门店是小团队，为何不借鉴公司的大团队文化建设方式，建设自己门店的小团队文化呢？因此，经过近 6 年的实践，我们的门店团队文化建设非常成功！ 伙伴们的主人翁意识很强，凝聚力和执行力也在不断增强。我从来不认为门店的员工是在为我打工，他们是我的合作伙伴，内衣事业是我们共同奋斗的事业！ 我将自己建设团队文化的心得分享给大家，希望桃花季每一个门店，都能成为一个团结协作的小团队，一起将这一份内衣事业做大做强！”

一、建立有效的奖励机制

对门店而言，销售业绩是所有人关注的焦点。根据门店的实际情况，建立有效的奖励机制，可以提高员工积极性。

二、进行各项培训，提升专业技能

公司经常进行新品知识、销售技巧等方面的培训，大家可以积极参与。同时，门店内部也要培训，客户维护、产品销售、系统操作、门店运营等，让团队中每一位小伙伴，一直处于自我提升的状态。

三、团队之间多沟通，避免隔阂

有人的地方就有矛盾。团队成员之间偶有口角很正常，作为领导者，一定要及时调节梳理，找到问题的根源，快速寻求一个两全其美的办法。

（资料来源：华依网，2016-07-21）

四、 创业资源的整合

创业资源的整合是一个复杂的过程，是创业企业对不同来源、不同层次、不同结构、不同内容的资源进行选择、汲取、配置、激活和有机融合的过程，使之具有更强的柔性、条理性、系统性和价值性，并对原有的资源体系进行重构，摒弃无价值的资源，以形成新的核心资源体系。创业资源的整合过程可以分为资源扫描、资源控制、资源利用和资源拓展四个步骤。

（一）资源扫描

创业者要知道自己的资源禀赋及企业所拥有的最初资源。将已有资源识别出来，包括己方所有有价值的有形资产和无形资产，如人才、 技术、设备、品牌等，找到自己的资源优势和不足，同时认清哪些属于战略性资源，哪些属于一般性资源，还要确定资源的数量、质量、使用时间及使用顺序。

扫描自身已有资源的同时，也要对外部环境进行扫描，及时发现创业企业所需的资源，确定自己所缺的创业资源可以从哪些渠道获得，以及谁拥有这些重要资源，对各种资源渠道的获得难易度进行排序，对资源所有者的利益需求进行深度分析，找到利益契合点。这通常需要创业者具有行业知识和一定的社会关系网络。创业者在初始创业阶段会利用与自己关系较近的资源网络，随着业务的发展而逐渐扩充这一网络。

（二）资源控制

资源控制的范围包括创业者自身拥有的资源、通过交易等形式可获得的资源，以及通过社会网络等形式可以控制的资源。在许多情况下，创业者自身拥有的资源（教育、经验、声誉、行业知识、资金和社会网络等）存在于创业团队中。在特定的行业，创业团队中成员的社会网络资源和技术对于企业的成功至关重要。在获取资源的过程中，需要判断这种资源对实现企业的目标是否关键，并且创造性地设计出双赢的合作方案，形成长期互利关系。

（三）资源利用

在获取和控制大量资源的基础上，创业企业开始对这些资源进行配置和利用，将它们合理有效地配置到最能发挥其效益的地方去，体现出这些资源的价值。企业资源在未整合之前大多是零碎的、低效的，要发挥这些资源的最大价值、产生最佳效益，就必须运用科学方法对各种类型的资源进行细化、配置和激活，将有价值的资源有机地融合起来，使它们相互匹配、互为补充、互相增强。

在配置资源之后，新的资源或者说竞争优势就会形成，企业利用这种优势来赢得市场。资源在整合并转化为企业内部的独特优势之后，创业者需要协调各种资源之间的关系，匹配有用的资源，剥离无用的资源。通过协调，资源的联系更加紧密，更加具有匹配性，形成“1＋1＞2”的局面，并为下一步拓展奠定基础。

（四）资源拓展

将以前没有建立起联系的资源建立联系，将新获取的资源与已有的资源进行联结融合，进一步开发潜在的资源为企业所用，这也是企业持续竞争优势的根本来源。开拓创造过程能为创业企业带来新的能力，从而使其能够更充分地发现和掌握创业机会。

典型案例

如何利用资源杠杆

克亚营销创始人刘克亚有一个广东东莞的学生——徐兵波，他在刘克亚的指导下，在两年的时间内创造了奇迹——零投资开办了五家英语培训学校！刚开始的时候，徐兵波只是一个人在做英语培训，做得非常辛苦，什么都得自己做！后来遇到刘克亚老师，在老师的指点下，他很快开了五家分校！几乎都是零投资，而且第一周都开始赚钱！其中的奥秘在哪呢？

原来，他善于杠杆借力，充分整合别人的资源！在东莞的每个镇都会有一个文化中心或者图书馆，有很多空余的教室，而且有很大的人流量！徐兵波就去跟他们谈判：你们出场地，我们一起合作搞英语怎么样？其他的招生、讲师、培训全由我们搞定！扣除成本后，我赚到的钱给你一半！文化中心听了当然很高兴，反正教室空着也是空着，一起合作就可以轻松赚钱，其他什么事都不用管，这样的好事当然干了！于是他一分钱没有花就轻松获得了教室！然后他对上课的英语老师说：我们的学校底薪很低，但是如果你能把这些学生教好，每招到一个学生我给你一半的提成。英语老师听了当然也很高兴，因为提成比例比在别的培训机构高得多！就用这样的方法，他迅速在广东东莞开了五家英语培训分校！

你所想要的一切，在这个世界上至少有一个人已经得到，你要做的就是怎么通过这些人得到你想要的。不管你想要的东西是什么，总有一些和你一样想要这些东西的人。在这个世界上，不管你要的是什么，当你成功之后，你不是唯一获利的人。那时你需要思考别人如何从你的成功之中获利，并思考自己的成功能够为别人的成功带来什么。

第二节 创业融资

微视频 7-2
创业融资

任何企业的生产经营活动都需要资金的支撑。对于创业企业来说，无论是进行产品研发还是产品的生产和销售，都需要大量的资金投入，如何有效融资是创业者极为关注的问题之一。

一、创业融资概念

（一）融资的内涵

《新帕尔格雷夫经济学大辞典》对融资的解释是：融资是指为支付超过现金的购货款而采取的货币交易手段，或为取得资产而集资所采取的货币手段。融资实际上就是企业筹措资金的行为和过程。企业根据自身发展状况，科学估算资金需求量，采用一定的方式，进行资金筹措，保证企业资金或者资源的正常供应，确保企业的正常运行。广义而言，融资不仅仅是资金的融入，还包括资金的运用。

创业融资是指创业企业从自身生产经营及资金运用情况出发，根据未来经营发展的需要，通过一定的渠道或方式筹集资金，以满足后续经营发展需要的一种经济行为。创业企业筹集资金的基本目的在于满足企业扩张或者还债的需要，同时应该遵循一定的原则，通过一定的渠道和方式去进行。

（二）融资的困境

大量调查显示创业者的融资处境艰难，很难获得外部资金的支持。这主要根源于新创企业的不确定性，企业和潜在投资者之间的信息是不对称的。

（1）不确定性。创业面临着诸多的不确定性，如产品、市场、技术和人员等方面的不确定性，这些不确定性的存在，大大增加了创业失败的可能性，进而影响潜在投资者的投资。

（2）信息不对称性。一般而言，创业者比投资者更加了解产品市场等信息，由于信息的不对称性，投资者可能会给那些数据和材料做得很好，但实际上前景一般的项目进行投资。

（三）融资的重要性

任何企业的经营活动都离不开资金。技术研发、物料采购、设备购买、市场营销和仓储物流等都需要投入相应的资金才能运转。而大多数创业者在创业时往往面临着资金紧张的局面，因此融资显得格外重要。

二、融资流程

（一）融资前的准备

机会总是给有准备的人，在创业前或融资前，建立良好的个人信用，积累丰富的人脉资源，会有助于创业融资成功。

1. 建立个人信用

在创业融资中，个人信用非常重要。因此，创业者需要平时注重自己的道德修养，培养良好的信用意识。个人信用记录包括 4 个方面：一是个人身份状况，如婚姻、收入、学历和职业等；二是商业信用记录，如个人贷款及偿还记录等；三是社会公共信息记录，如个人纳税、保险等；四是涉及民事、刑事或行政处罚等记录，这些都会影响个人信用。

| 拓展阅读 |

个人信用

个人信用是指基于信任、通过一定的协议或契约提供给自然人及其家庭的信用，使得接受信用的个人不用付现金就可以获得商品或服务。它不仅包括用作个人或家庭消费用途的信用交易，也包括用作个人投资、创业及生产经营的信用。

个人信用记录包括以下内容：一是个人基本身份信息，包括姓名、婚姻及家庭成员状况、收入状况、职业、学历等；二是信用记录，包括信用卡及消费信贷的还款记录、商业银行的个人贷款及偿还记录；三是社会公共信息记录，包括个人纳税、参加社会保险、通信缴费、公用事业缴费，以及个人财产状况及变动等记录；四是特别记录，包括有可能影响个人信用状况的涉及民事、刑事、行政诉讼和行政处罚的特别记录。

市场经济是信用经济，信用对国家、社会、个人都是重要的资源，信用在创业融资过程中起着很重要的作用。无论是从何种渠道筹集资金，投资者都会比较关注创业者个人的信用状况。因此，为保证融资的顺利进行，创业者应尽早建立起良好的个人信用记录，如做一个诚信的信用卡持卡人，同时注意在日常生活中按时缴纳各项税费，遵纪守法，保持良好的个人信用记录。

2. 积累人脉资源

研究显示，人脉资源在创业融资过程中起着非比寻常的作用，人脉资源越丰富越有助于资源获取。为此，创业者需要广泛积累人脉资源，为创业融资打下基础。当然，广积人脉资源并不等同于“拉关系”等寻租行为，而是基于正常交往所建立的人际关系。

（二）测算资本需求量

在融资前，所有的创业者都需要明确资本需求量，其主要工作包括估算启动资金，估算营业收入、成本和利润，以及编制财务报表。

1. 估算启动资金

企业启动资金的估算，要考虑周全。对于一般投资项目的启动资金来说，主要考虑企业开办费、设备、房租、周转资金等。

2. 估算营业收入、成本以及利润

营业收入、成本和利润的估算需要充分立足于市场情况和产品试销情况，需要做到比较全面而不能有所遗漏。

3. 编制财务报表

通过编制预算财务报表，对企业现有资本结构、偿债能力、盈利能力和现金流状况进行把握，进而确定融资需求。

（三）编写创业计划书

创业计划是一份描述创业项目内容，创业项目实施，以及新创企业发展的文件，是创业者融资的重要工具。现实中很多创业者由于缺乏一份有说服力的创业计划而导致融资失败。

（四）确定融资来源

融资来源的确定主要包括两方面工作：一是融资渠道的确定；二是融资对象的确定。这两者的确定都需要充分考虑以下因素，①企业所处的阶段；②外部资金的可得性；③融资成本；④资金稳定性；⑤企业发展战略以及企业的控制权等。

（五）进行融资谈判

在确定了融资来源后，接下来的工作就是与潜在的投资者进行融资谈判。在正式的融资谈判前，创业者需要做好充分的准备。例如，事先思考投资者可能会问的问题以及想好应对的办法，熟悉一些必要的谈判技巧等。

（六）签订融资合同

签订融资合同也是融资过程中非常重要的一步。在签订合同的过程中，需要仔细审查合同的各项条款，明确双方的权利义务。必要时，还可咨询相关专业人士。

三、创业融资渠道

创业融资的渠道是指创业者筹集资金的方向与通道，体现资本的来源和流量，主要由社会资本提供者的数量及分布决定。目前中国社会资本的提供者众多，数量分布广泛，为创业企业融资提供了广泛的资本来源。具体来讲，创业融资的渠道主要有以下几种。

（一）私人资本融资

私人资本融资主要有个人储蓄、亲友投资和天使投资等类型。

（1）个人积蓄。即用个人的积蓄来进行创业。个人积蓄是获取资金的一个渠道，但是这并不是根本性的解决方案，因为个人积蓄对新创企业而言“杯水车薪”，要积极开发其他渠道以获得资源。

（2）亲友投资。亲友资金是初创企业常见的资金渠道，找亲友融资时，不管是投资还是借款，创业者要遵从市场经济下的契约原则，以法律形式规范融资行为，约定各方权利与义务，并用书面形式确定下来，以保障各方利益，尽可能减少不必要的纠纷。

（3）天使投资。天使投资是指富有的个人出资协助具有专门技术或独特概念的原创项目或小型初创企业。与其他投资相比，天使投资算是较早参与的外部资金。项目和企业有创意，有发展潜力，天使投资人就愿意投资。天使投资有三个特点：一是直接性，即天使投资人直接投资企业；二是多重性，天使投资人不仅提供资金，还提供专业知识等方面的支持；三是效率高，由于投资程序比较简单，天使投资人青睐的企业可以很快得到资本。

（二）机构融资

机构融资主要包括银行贷款、中小企业互助性担保机构贷款、风险投资和创业板上市融资等类型。

（1）银行贷款。找银行贷款是较常见的企业融资方式。由于创业企业的风险较高，所以银行在进行贷款时会要求创业者提供担保，包括抵押、质押和第三人保证。随着“大众创业，万众创新”的号召，为了鼓励创业，金融机构推出了更多的创业金融产品，创业者要关注不同银行的创业贷款产品和政策变化，选择最适合自己的创业金融产品进行贷款。

（2）中小企业互助性担保机构贷款。即中小企业在向银行贷款时，由依法设立的担保机构作为担保，当贷款的中小创业企业无法偿还债务时，由担保机构予以偿还。这种方式可以为中小企业融资提供便利，也可以分散银行的信贷风险。

（3）风险投资。风险投资是指专业机构向具有巨大发展潜力的企业提供资本，并参与投资企业的管理。与天使投资相比，风险投资的资金来源于他人，而天使投资的资金来源于天使投资人自己。另外，风险投资的投资时间较晚，投资规模较大；而天使投资一般出现在企业的早期或种子期，投资规模较小。

（4）创业板上市融资。即通过创业板上市公开发行股票来进行融资。创业板市场是对主板市场的有效补充，能为资金缺乏的中小型创业企业提供有力支撑。我国创业板市场开板于 2009 年，目前，已成为中小型创业企业重要的融资平台。

（三）政府背景融资

政府背景融资主要包含地方性优惠政策、科技部科技创新基金及对某个特定群体的创业基金。创业可以有效解决当地的就业问题，增强地区竞争力、促进经济发展，各级政府也越来越关注创业。因此，针对创业企业融资难的问题，各级政府纷纷出台了各类扶持政策，由于各地区地方特色、经济基础等不同，所以各地推出的创业扶持政策也有所不同。

国务院批准成立了科技型中小企业技术创新基金，用于支持科技型中小企业的技术创新。目前创新基金的支持方式主要有三种：一是贴息贷款；二是无偿资助；三是资本金投入。

政府还针对特定群体如高校毕业生、待业青年和返乡农民工推出了创业基金，如中国青年创业国际计划，它是由共青团中央、中华全国青年联合会、中华全国工商联合会共同倡导发起的青年创业教育项目。该项目参考总部在英国的青年创业国际计划（Youth Business International）扶助青年创业的模式，动员社会各界特别是工商界的力量为青年创业提供咨询以及资金、技术、网络支持，以帮助青年成功创业。

（四）互联网金融

随着互联网与金融的深度融合，产生了一些新型的融资渠道，如 P2P 融资、众筹融资等，大大拓展了创业者的融资途径。

（1）P2P 融资。它是指通过网络平台，个体与个体之间直接的借贷交易。借款者可以在专门的中介平台上发布借款信息，如借款金额、支付利息、还款时间、还款方式等；借出者根据借款者发布的信息，决定借出金额：而中介平台则向双方或一方收取一定的手续费。

（2）众筹融资。它是指个体通过网络众筹平台，向大众筹集资金的方式，而投资者可以获得相应的回报，如产品、股权或债权等。与其他融资渠道相比，众筹融资呈现出如下特点：门槛低，只要有想法，有创造力，都可以发起众筹；汇集大众力量，投资者大都是普通民众。通过汇集大量的普通民众产生巨大效应。

（五）知识产权融资

知识产权融资可以采用知识产权入股、抵押贷款、知识产权信托和资产证券化等方式。

（1）知识产权入股。它是指合法拥有知识产权的个人，对知识产权的价值进行评估后将其转让给企业，企业通过出让股权换取知识产权的使用权。

（2）抵押贷款。即合法拥有知识产权的个人，在通过相关机构的评估后将其拥有的知识产权作为质押物，向银行申请融资。

（3）知识产权信托。它是指知识产权所有者将其知识产权委托给信托机构，由信托机构代为管理，实现知识产权的价值。

（4）资产证券化。它是指将知识产权转换成为能在金融市场上出售的流通证券。知识产权资产证券化为创业者带来新的机遇，证券化可以在一定程度上解决企业资金困难的难题。

四、创业融资的选择策略

（一）融资原则

在确定要融资后，创业者需要根据自身综合情况，遵循融资的相关原则，选择合适的融资策略。融资原则主要包括合法性、合理性、及时性、效益性和杠杆性。

（1）合法性。融资行为涉及各方的资金流向，创业者作为融资行为的主体之一，要遵守市场经济下的相关法治原则，依法履行相关责任与义务，维护各相关权益主体的合法权益。

（2）合理性。创业的不同阶段对资金的需求量是不一样的，创业者要根据企业的发展规划，结合企业不同发展阶段的经营模式，利用合适的财务手段，合理确定资金需求量以及资本结构。

（3）及时性。在市场经济中，环境复杂多变，机会稍纵即逝，这要求创业者要及时筹措到资金，并将项目付诸实施，避免出现资金不足而导致项目搁浅的情况。

（4）效益性。融资的目的是为了创业，创业的目的是为了获利，这就要求创业者在融资前要充分分析融资的成本和收益。如果某种融资方式的成本大于投资收益，那么创业者应考虑放弃此种融资方式，努力寻找成本更低的融资方式。

（5）杠杆性。即通过融资撬动更多的资源，如新的融资、投资者的专业技术知识和管理经验等。这就要求创业者在融资时，要尽量选择那些有资源背景的资本，通过这些资本的杠杆效应，带动更多资源的加入。

（二）融资策略

按资金来源性质，融资可以分为股权融资与债权融资。

1. 股权融资

股权融资指的是通过出让企业部分所有权来获取外部资金的融资方式。对于通过股权融资方式获得的资金，企业无须偿还，但需与新股东分享企业的盈利。因此，与其他融资方式相比，股权融资表现出如下特点：①长期性，即股权融资获得的资金具有永久性，没有到期归还日；②不可逆性，即企业不用归还本金；③无负担性，即支付多少股利给股东是与企业经营状况相关的，没有固定的股利负担。

股权融资作为企业一种重要的融资方式，下述条件的具备可以增加创业者获得股权融资的概率：①项目发展前景好，这是吸收股权资本的基本条件，如果没有好的项目，投资者不可能对企业进行投资；②有自己资本的投资，如果没有创业者自己资本的投入，潜在投资者可能会对项目产生质疑，进而影响投资决策；③良好的创业能力，说服潜在投资者投资自己企业，需要创业者向他们展示自身的实力和能力。

2. 债权融资

债权融资指的是企业通过借钱的方式进行融资。它表现出如下特点：①通过债权融资方式获得的资金，需要支付利息，并且债务到期时需要归还本金；②可以提高企业所有权资金的回报率；③不会产生控制权问题，即债权人对企业没有实施管理和控制的权利。

债权融资也是企业的重要融资方式，为了增加获得债权融资的概率，创业者需要做好如下准备：①充分了解放贷人在放贷时考虑的问题，例如借贷人的信用、贷款的类型与期限、贷款的目的与用途、资金的安全性等；②在上述基础上，做好充分的准备，消除放贷人的疑虑，如展示优秀的创业团队、完善的创业计划以及提供高质量的抵押资产等。

拓展阅读

债权人在评估贷款申请时应考虑的问题

一般来说，贷款人在收到借款人的借款申请后，会从许多方面对借款人的资质进行评估，以决定是否放款。具体考虑的问题包括以下几个方面：

（1）借款人的信用。银行在评审企业借款申请时，要考虑借款人的信用，主要包括：借款人品质，即借款人对待信用的态度，包括过去的信用记录;偿还能力，即借款人的收入情况，以确定其是否有能力偿还借款;资本结构，即借款人的个人财产，包括存款、不动产及其他个人财产;经营条件，地区、国家的经济状况对贷款的难易程度有很大影响;担保物，即借款人是否有担保和抵押财产及这些财产的质量;事业的连续性，即借款人持续经营的前景。

（2）借款类型和还款期限。贷款机构会考虑借款人的借款类型，是短期借款（还款期限在一年以内），还是长期借款（还款期限在一年以上），同时还要对借款人提出的还款方案进行分析，以确认借款人的还款能力。

（3）贷款的目的和用途。贷款人为保证自己的资金安全，一般会对贷出资金的用途进行规定，并要求借款人不能将资金用于法律法规限制或禁止的项目，力求资金的使用符合规定用途。

（4）资金的安全性。除了对借款人的以上情况进行审查外，贷款机构还会对创业企业未来的销售情况和现金流状况进行预测，以分析创业企业来来是否有足够的现金流用于偿还贷款本息。

3. 股权融资与债权融资的比较

无论是股权融资还是债权融资，它都有一定的优点和缺点，创业者需要根据企业实际情况和发展战略的需要，合理确定股权融资和债权融资的比例。股权融资与债券融资的比较见下表。

股权融资与债权融资的比较

比较项目	股权融资	债权融资
本金	永久性资本，保证企业最低的资金需要	到期归还本金
资金成本	根据企业经营情况变动，相对较高	事先约定固定金额的利息，资金成本较低
风险承担	低风险	高风险
企业控制权	按比例或约定享有，分散企业控制权	企业控制权得到维护
资金使用限制	限制条款较少	限制较多

4. 融资决策

创业者在选择融资方式时，会受到诸多因素的影响，如新创企业的特征、企业所处阶段以及融资成本等。

（1）新创企业特征与融资方式选择

不同特征的企业，往往会产生不同的融资要求。对于高经营风险，高预期收益的高新技术企业，可考虑股权融资；对于风险较低、预期收益比较容易预测的传统产业企业，可考虑债权融资。新创企业特征和融资方式见下表。

新创企业特征和融资方式

创业企业类型	新创企业特征	融资方式
高风险、预期收益不确定	弱小的现金流：高负债率：低、中等成长；未经证明的管理层	个人积蓄、亲友款项
低风险、预期收益易预测	一般是传统行业；强大的现金流：低负债率；优秀的管理层：良好的资产负债表	债权融资
高风险、预期收益较高	独特的商业创意：高成长；利基市场：得到证明的管理层	股权融资

（2）企业所处阶段与融资方式选择

不同的融资渠道所能提供的资金量以及对风险的承受力不同，创业者的融资方式受企业所处阶段的影响。在种子期，由于企业高度的不确定性，创业者很难从外部获得债务资金，只能从个人自有资金、亲友款项和天使投资等渠道获得股权资金；在启动期，创业者可以选择抵押贷款等方式来筹集资金；在进入了成长期后，由于有了之前的基础，创业者有了更多的选择，如商业信用等。

（3）融资成本与融资方式选择

不同的融资方式，其成本也会有所差异。对股权融资而言，其成本主要是股东分红以及可能的对企业的控制权；对于债权融资而言，其主要的成本是利息。过高的融资成本会抵消企业的发展效应。因此，创业者需要根据企业的情况，综合考虑不同融资方式的成本，以选择出合适的低成本的融资方式。

5. **融资陷阱**

创业者在寻求融资的过程中也会遇到一些错误。一是高估价值，低估风险。一般创业者会过高地预计自己的创意和创业价值，对创业的风险认识不足。低估风险，会使得创业者难以获得投资。二是“乱投医”。对投资者不加以选择，不区分投资者的投资理念、投资领域，不了解投资者投资的真实心理，不了解投资者能否给企业带来除了资金之外的帮助。三是接触很少的外部投资者。创业者缺乏信息和渠道，只能向少量投资者寻求帮助。四是眼界过窄，拘泥于小利益，错失融资时机。五是过早稀释股权。为了寻求投资而太早稀释股权，会影响企业发展后劲。六是急于大笔融资。创业者往往希望能够一次性地获得大笔融资，但是往往大笔融资会十分艰难，创业者会四处碰壁。

拓展阅读

创业者访谈：创业资源

尽管与已存在的进入成熟发展期的大公司相比，创业型企业资源比较匮乏，但实际上创业者所拥有的创业精神、独特创意以及社会关系等资源，同样具有战略性。因此，对创业者而言，一方面要借助自身的创造性，用有限的资源创造尽可能大的价值；另一方面更要设法获取和整合各类战略资源。

一、善用资源整合技巧

创业总是和创新、创造及创富联系在一起。一位创业者结合自身创业经历提出了这样的观点：缺少资金、设备、雇员等资源，实际上是一个巨大的优势。因为这会迫使创业者把有限的资源集中于销售，进而为企业带来现金。为了确保公司持续发展，创业者在每个阶段都要问自己，怎样才能用有限的资源获得更多的价值创造？

学会拼凑。很多创业者都是拼凑高手，通过加入一些新元素，与已有的元素重新组合，形成在资源利用方面的创新行为，进而可能带来意想不到的惊喜。创业者通常利用身边能够找到的一切资源进行创业活动，有些资源对他人来说也许是无用的、废弃的，但创业者可以通过自己的独有经验和技巧，加以整合创造。

整合已有的资源，快速应对新情况，是创业的利器之一。拼凑者善于用发现的眼光，洞悉身边各种资源的属性，将它们创造性地整合起来。这种整合很多时候甚至不是事前仔细计划好的，而往往是具体情况具体分析、“摸着石头过河”的产物。而这也正体现了创业的不确定性，并考验创业者的资源整合能力。

步步为营。创业者分多个阶段投入资源，并在每个阶段投入最有限的资源，这种做法被称为“步步为营”。步步为营的策略首先表现为节俭，设法降低资源的使用量，降低管理成本。但过分强调降低成本，会影响产品和服务质量，甚至会制约企业发展。比如，为了求生存和发展，有的创业者不注重环境保护，或者盗用别人的知识产权，甚至以次充好。这样的创业活动尽管短期可能赚取利润，但长期而言，发展潜力有限。所以，需要“有原则地保持节俭”。

步步为营策略表现为自力更生，减少对外部资源的依赖，目的是降低经营风险，加强对所创事业的控制。很多时候，步步为营不仅是一种做事最经济的方法，也是创业者在资源受限的情况下寻找实现企业理想和目标的途径，更是在有限资源的约束下获取满意收益的方法。习惯于步步为营的创业者会形成一种审慎控制和管理的价值理念，这对创业型企业的成长与向稳健成熟发展期过渡，尤其重要。

二、发挥资源杠杆效应

尽管存在资源约束，但创业者并不会被当前控制或被支配的资源限制，成功的创业者善于利用关键资源的杠杆效应，利用他人或者别的企业的资源来完成自己创业的目的：用一种资源补足另一种资源，产生更高的复合价值；或者利用一种资源撬动和获得其他资源。其实，大公司也不只是一味地积累资源，他们更擅长于资源互换，进行资源结构更新和调整，积累战略性资源，这是创业者需要学习的经验。

对创业者来说，容易产生杠杆效应的资源，主要包括人力资本和社会资本等非物质资源。创业者的人力资本由一般人力资本与特殊人力资本构成，一般人力资本包括受教育背景、以往的工作经验及个性品质特征等；特殊人力资本包括产业人力资本（与特定产业相关的知识、技能和经验）与创业人力资本（如先前的创业经验或创业背景）。调查显示，特殊人力资本会直接作用于资源获取，有产业相关经验和先前创业经验的创业者能够更快地整合资源，更快地实施市场交易行为。而一般人力资本使创业者具有知识、技能、资格认证、名誉等资源，也提供了同窗、校友、老师以及其他连带的社会资本。

相比之下，社会资本有别于物质资本、人力资本，是社会成员从各种不同的社会结构中获得的利益，是一种根植于社会关系网络的优势。在个体分析层面，社会资本是嵌入、来自于并浮现在个体关系网络之中的真实或潜在资源的总和，它有助于个体开展目的性行动，并为个体带来行为优势。外部联系人之间社会交往频繁的创业者所获取的相关商业信息更加丰裕，从而有助于提升创业者对特定商业活动的深入认识和理解，使创业者更容易识别出常规商业活动中难以被其他人发现的顾客需求，进而更容易获得财务和物质资源——这正是其杠杆作用所在。

三、设置合理利益机制

资源通常与利益相关，创业者之所以能够从家庭成员那里获得支持，就因为家庭成员之间不仅是利益相关者，更是利益整体。既然资源与利益相关，创业者在整合资源时，就一定要设计好有助于资源整合的利益机制，借助利益机制把包括潜在的和非直接的资源提供者整合起来，借力发展。因此，整合资源需要关注有利益关系的组织或个人，要尽可能多地找到利益相关者。同时，分析清楚这些组织或个体同自己以及自己想做的事情之间的利益关系，利益关系越强、越直接，整合到资源的可能性就越大，这是资源整合的基本前提。

利益关系者之间的利益关系有时是直接的，有时是间接的；有时是显性的，有时是隐性的；有时甚至还需要在没有的情况下创造出来。另外，有利益关系也并不意味着能够实现资源整合，还需要找到或发展共同的利益，或者说利益共同点。为此，识别到利益相关者后，逐一认真分析每一个利益相关者所关注的利益非常重要，多数情况下，将相对弱的利益关系变强，更有利于资源整合。

然而，有了共同的利益或利益共同点，并不意味着就可以顺利实现资源整合。资源整合是多方面的合作，切实的合作需要有各方面利益真正能够实现的预期加以保证，这就要求寻找和设计出多方共赢的机制。对于在长期合作中获益、彼此建立起信任关系的合作，双赢和共赢的机制已经形成，进一步的合作并不很难。但对于首次合作，建立共赢机制尤其需要智慧，要让对方看到潜在的收益，为了获取收益而愿意投入资源。因此，创业者在设计共赢机制时，既要帮助对方扩大收益，也要帮助对方降低风险，降低风险本身也是扩大收益。在此基础上，还需要考虑如何建立稳定的信任关系，并加以维护、管理。

（资料来源：南开大学商学院教授、创业管理研究中心主任张玉利）

本章小结

资源约束是创业过程中一直面临的难题，有效整合资源是每一个创业者的基本功，但归根结底，资源是创业团队整合起来的。通常，资源中最通用的是财务资源，同时，整合资源的主要策略是步步为营和拼凑策略。对于大学生创业者而言，整合资源的核心，是你自己的能力，不管你如何困难，遭遇什么挫折，只要能力在提高，只要你坚持梦想并付诸实施总会吸引资源。

思考与练习

1. 如何正确认识创业资源的重要性？

2. 在创业过程中，是否要自己拥有足够的资源才可以创业？

3. 技术资源比较重要还是客户资源比较重要？

4. 大学生创业，一定要有自己的创业资金吗？如何有效获取风险投资？

5. 初创企业如何通过合作快速获取别人的资源？换位思考，就是他的资源为什么要给你用？如果按照市场价格，你能支付吗？

教学活动

活动 1　资源获取游戏

活动目的：

本活动给学生提供了一个制定和反思资源获取方法的机会，学生将会考虑不同类型、性质的资源以及不同的资源开发策略。

活动道具：

资源清单表。

活动过程：

1. 要求学生在资源清单表上确定自己拥有的资源，同时选择对于他的创业项目最重要的两种资源。

2. 选择完毕后，要求一个人一直安静地坐着，不要站起来走动。其他同学可以随意走动，寻找自己所需资源。

3. 找到资源后，请资源拥有者在你表单上相应位置签字，注意不能让同一个人在你的表单上多处签字，但同一个人可以在多张表单上就同一资源签字。你可以将自己作为一种资源的来源。

4. 寻找资源时间为 3～5 分钟。

5. 请学生汇报分享。

思考与讨论：

1. 活动期间发生了什么？

2. 是否有些资源更易于获取，是哪些资源？是否有些资源较难获取，是哪些资源？为什么会出现这种情况？

3. 哪些资源是最有价值的？为什么？

4. 你的资源获取策略是什么？你是如何做的？时间限制对你有影响吗？

5. 你最终获取了多少资源？

6. 一直保持静坐的同学获得了多少资源？

资源清单表

<table>
<tr><td>我拥有的资源：</td><td></td><td>我最需要的资源：</td><td></td></tr>
<tr><td>资源</td><td colspan="3">签字</td></tr>
<tr><td>A. 戴眼镜</td><td colspan="3"></td></tr>
<tr><td>B. 穿牛仔裤</td><td colspan="3"></td></tr>
</table>

续表

C. 外语很好	
D. 是运动达人	
E. 电子钱包里有 10000 元	
F. 拥有驾照	
G. 是校社团主要成员	
H. 拥有一辆电动车	
I. 微信里有 1000 个好友	
J. 使用华为手机	
K. 棋类高手	
L. 获得过比赛好成绩	
M. 会演奏乐器	
N. 养过猫或狗	
O. 发表过文章	
P. 有创业经验	
Q. 会视频剪辑	
R. 经营过公众号	
S. 家人开办企业	
T. 出过国	

活动 2　基本企业周期

活动目的：

游戏是在模拟一个真实的企业经营环境。其设计目的是为了给学员提供机会，让他们做出各种经营决策并面对这些决策带来的后果，而这些决策正是他们在实际企业经营中必须做出的。本次活动为该系列游戏的模块一。

活动道具：

1. SIYB 游戏沙盘道具包；

2. 标准帽原材料：游戏中用白纸作为生产产品的原材料，白纸尺寸为 A6 纸大小，即标准 A4 纸的四分之一。教师要确保准备了足够的原材料，可以用废纸做原材料，同时注意在游戏结束后回收用过的纸张。

活动规则：

1. 教师可以先找一位助手配合活动。将学生按照团队分成若干组，每组都生产标准帽。向各组演示制作标准帽的方法，然后让每组先练习一次，经教师确认制作无误后回收纸张。

2. 教师结合实物向学生讲解游戏沙盘道具的性质与作用。

3. 各组可以在游戏开始第一天从银行获得160元贷款，贷款将于29日连本带息还给银行，还款金额为200元。所有小组都在租赁来的厂房中生产，所以要在27日付100元房租。

4. 李玉收购店负责收购标准帽，收购价为80元/顶，收购店不限量收购，但是帽子的质量必须合格。

5. 每周的具体活动如下：

周一，各组从张纲批发店以每张40元的价格购买原材料，一手交钱，一手交货；

周二，各组生产标准帽；从第三周的周二开始使用情景卡，如果情景卡要求向外借钱，必须转动“钱会还吗？”指针；

周三，各组向李玉收购店销售产品；

周四，各组回收所有欠款；

周五，各组制订下周计划；

周六，各组从诚信超市购物，注意除了食品其他一概为奢侈品；

周日，各组休息时间。

6. 在游戏的最后一天计算当月的利润。

思考与讨论：

1. 各组的销售情况，利润多少？

2. 你们的决策与后果是什么？

3. 各组记账了吗？记账是否有助于说明经营状况？

4. 遇到什么意外情况，怎么处理的？是否有向其他组求助？

第八章　创新创业实践

学习目标

1. 了解企业注册的主要流程；
2. 掌握新企业开办的主要步骤；
3. 认知相关因素对新创企业的影响；
4. 了解大学生创业实践概况；
5. 认知大学生创业实践途径。

案例导学

台州工人张建均的创业之路

公元集团创始人张建均是台州黄岩人，1979年高中毕业后，张建均进入黄岩罐头厂当化验员。1982年，一直关注着祖国南部日新月异变化的张建均再也坐不住了，他向单位请假去了深圳。在深圳，他强烈地感受到了改革开放脉搏的跳动，在那一刻，他萌发了“下海”的念头。“要有自己的工厂、自己的企业、自己的事业！”在返乡路上，张建均定下了自己人生的一个重要目标。回到故乡黄岩，张建均毅然脱下了化验员的白大褂，一头扎进了“商海”里，他东拼西凑了1万元钱，在黄岩环城西路租了两间旧平房，买来2台15克和3台45克的旧注塑机，办起了一个加工日用塑料制品的小作坊，开始艰苦的创业之路。

借改革开放的东风，他的事业之帆开始了大航行。1993年，已经具备一定实力的张建均与港商合资建立了黄岩永高塑胶制品有限公司，并且生产出了如今声名远扬的“公元”牌管道产品。公司成功地实现了产业转型和升级，从原先只生产普通日用塑料制品向化学建材行业进军，产品的技术含量也有了质的提高，公司从此进入了快速发展阶段。

到2000年，公司的企业规模和经济效益已位于全省同行首位，成为国内化学建材产品最大的生产基地之一。这其间，他抓住各种机遇，先后开发了建筑用排水管材管件等6大类产品，企业的生产能力也迅速扩大了10倍，几乎年年都是满负荷生产。1993年到2000年的8年间，他的公司销售年均增长达60%。

2003年，张建均组建了中国公元集团公司，企业开始贯彻统一形象、统一标志、统一理念、统一管理、统一文化、统一品牌，走上了集团化经营之路。目前，他的公司已在上海、南京、杭州、武汉、深圳等10多个城市设立了销售分公司，销售网点1000多个，产品已覆盖国内26个省市和地区。经过20多年的奋斗，公元集团获得了“浙江省行业最大工业企业”“全国民营企业500强”等称号，张建均本人也成长为知名企业家。他始终觉得，饮水一定要思“源”，要回报生他养他的“土地”。因此他热心参与各种社会公益事业。近几年来，他在扶贫救灾、资助贫困学生求学、捐助社会慈善机构以及其他各项社会公益事业等活动中，累计出资600多万元。因为在经济和社会方面的卓越贡献，张建均先后获得“台州市第二届十大杰出青年”“台州市突出贡献企业经营者”“浙江省二轻工业科学技术进步一等奖”“浙江省优秀私营企业家”“浙江省科技创新先进工作者”等多项荣誉。同时，他还担任了黄岩区工商联副会长、黄岩区企业家协会副会长、台州市慈善总会副会长、浙江省青年企业家协会副会长等社会职务。

纸上得来终觉浅，绝知此事要躬行。创业是一门实践性很强的学问，创业者不能闭门造车，而是要走出去，勇于到市场中认识顾客，分析需求，创造价值。树立了理想，张建均就没有再犹豫，二十多年来，张建均和他的企业犹如浩瀚的大海，敞开博大的胸怀，在实践中不断发展壮大。他的创业复盘可以为我们带来启发，他说："我体会最深的有三条：第一，要全身心投入，一定要专心致志地把产品做精，把企业办好；第二，要有目标计划，要有始有终，不轻言放弃，不半途而废；第三，要具备博大的胸襟和气度，要能吃别人吃不了的苦，要真心诚意地对待每个客户和每位员工。只有这样，百川才能归海，企业方能做大做强。"

（资料来源：公元集团提供资料）

课堂思考：

我们该怎么理解创业这门课程的意义？它与实践的关系是什么？

第一节 新创企业的设立

微视频 8-1 新创企业的设立

创业者组建了创业团队，通过市场调研和分析找到了创业机会，制订了创业计划，获得了创业启动资金，协调好内外部关系之后，就可以开始成立新企业了。从某种意义上说，成立新企业是创业过程中的关键节点，因为与创业过程的其他活动相比，创建新企业能体现创业的阶段性成果。但创业者必须清楚，当走到这一阶段，创业才刚刚开始。

一、企业组织形式

企业组织形式是指企业财产及其社会化大生产的组织状态，它表明一个企业的财产构成、内部分工协作与外部社会经济联系的方式。一般来说，企业组织形式有个人独资企业、合伙企业和公司制企业三种。对于创业者而言，选择组织形式需要对不同组织形式的优势或劣势进行分析并结合自身实际情况具体确定。

（一）个人独资企业

个人独资企业是最古老也是最常见的企业法律组织形式。个人独资企业又称个人业主制企业，是指依法设立，由一个自然人投资，财产为投资人个人所有，投资人以其个人财产对企业债务承担无限责任的经营实体。当企业财产不足以清偿债务时，创业者须以个人其他财产予以清偿。在各类企业当中，个人独资企业的创设条件最简单。根据《中华人民共和国个人独资企业法》，个人独资企业主要有如下特点：

（1）个人独资企业的出资人为一个自然人；

（2）个人独资企业的财产归投资人个人所有，该企业财产不仅包括企业成立时投资人投入的初始资产，还包括企业存续期间积累的资产。投资人是个人独资企业财产的唯一合法所有者；

（3）个人独资企业不具有法人资格，投资人以其个人财产对企业债务承担无限责任。这是个人独资企业的重要特征。

（二）合伙企业

如果两个或两个以上的人共同进行创业，那么可以选择合伙制作为新企业的法律组织形式。根据《中华人民共和国合伙企业法》，合伙企业是指自然人、法人和其他组织依照本法在中国境内设立的普通合伙企业和有限合伙企业。普通合伙企业由普通合伙人组成，合伙人对合伙企业债务承担无限连带责任。有限合伙企业由普通合伙人和有限合伙人组成，普通合伙人对合伙企业债务承担无限连带责任，有限合伙人以其认缴的出资额为限对合伙企业债务承担责任。总体而言，合伙企业主要具有如下特点：

（1）合伙协议是合伙企业成立时的基础。合伙人之间是平等的，合伙企业的利润和亏损，由合伙人依照合伙协议约定的比例分配和分担。合伙协议未约定利润分配和亏损分担比例的，由各合伙人平均分配和分担。

（2）合伙企业不具有法人资格。合伙企业的合伙人对企业债务承担无限连带责任。所谓无限连带责任，主要指合伙企业财产不足以抵偿企业债务时，合伙人应以其个人乃至家庭财产清偿债务，而且债权人可以就合伙企业财产不足清偿的那部分债务，向任何一个合伙人要求全部偿还。

（3）合伙企业包括普通合伙企业和有限合伙企业两种形式。

两者最大的区别在于有限合伙企业有两种不同的所有者：普通合伙人和有限合伙人。其中，普通合伙人对合伙企业的债务承担无限连带责任，而有限合伙人仅以投资额为限承担有限责任，但后者一般不享有对组织的控制权。另外，普通合伙企业合伙人可以用货币、实物、知识、产权、土地使用权或者其他财产权利出资，也可以用劳务出资。但有限合伙企业有限合伙人不得以劳务出资。普通合伙企业除了要有合伙企业的名称、经营场所以及从事合伙经营的必要条件外，设立合伙企业还需要具备以下条件：

（1）合伙企业必须有两个以上合伙人，合伙人为自然人的，应当具有完全民事行为能力；

（2）有书面合伙协议；

（3）有合伙人认缴或者实际缴付的出资；

（4）有合伙企业的名称和生产经营场所；

（5）法律、行政法规规定的其他条件。

（三）公司制企业

公司是现代社会中最主要的企业形式。它是以营利为目的，由股东出资形成，拥有独立的财产，享有法人财产权，独立从事生产经营活动，依法享有民事权利，承担民事责任，并以其全部财产对公司的债务承担责任的企业法人。所有权与经营权分离，是公司制的重要产权基础。与传统“两权合一”的业主制、合伙制相比，公司制作为企业组织形式的一个重要特点就是创业者仅以其所持股份或出资额为限对公司承担有限责任；另一个特点是存在双重纳税问题，即公司盈利要上缴公司所得税，创业者作为股东还要上缴企业投资所得税或个人所得税。根据《中华人民共和国公司法》（以下简称《公司法》），我国的公司分有限责任公司（包括一人有限责任公司）和股份有限公司两种类型。

1. 有限责任公司

有限责任公司的股东以其认缴的出资额对公司承担责任，公司以其全部资产对公司的债务承担责任。创业者设立有限责任公司，除了要有固定的生产经营场所和必要的生产经营条件之外，还应当具备以下条件：

（1）股东符合法定人数。根据我国《公司法》第二十四条规定：有限责任公司由五十个以下股东出资设立。需要注意的是，在 2005 年 10 月 27 日第十届全国人民代表大会第十八次会议通过的新《公司法》增加了一人有限责任公司的规定。

（2）股东出资得到法定资本最低限额。一般有限责任公司注册资本的最低限额为人民币三万元，而一人有限责任公司的注册资本最低限额为人民币十万元。法律、行政法规对有限责任公司注册资本的最低限额有较高规定的，从其规定。股东可以用货币出资，也可以用实物、知识产权、土地使用权等可以用货币估价并可以依法转让的非货币财产作价出资；但是法律、行政法规规定不得作为出资的财产除外。并且全体股东的货币出资额不得低于有限责任公司注册资本的百分之三十。

（3）股东共同制定公司章程。法律对有限责任公司章程有明确的要求，要求应当载明的事项包括：公司名称和住所；公司经营范围；公司注册资本；股东的姓名或者名称；股东的权利和义务；股东的出资方式和出资额；股东转让出资的条件；公司的机构及其产生办法、职权、议事规则；公司的法定代表人；公司的解散事由与清算办法；股东认为需要规定的其他事项。

（4）有公司名称，建立符合有限责任公司要求的组织机构。

2. 股份有限公司

股份有限公司，其全部资本分为等额股份，股东以其认购的股份为限对公司承担责任，公司以其全部资产对公司的债务承担责任。设立股份有限公司要有公司名称，要建立符合股份有限公司要求的组织机构，要有固定的生产经营场所及必要的生产经营条件，股份发行、筹办事项要符合法律规定。

除此之外，根据我国《公司法》规定还应具备下列条件：

（1）发起人符合法定人数。设立股份有限公司，应当有二人以上二百人以下为发起人，其中须有半数以上的发起人在中国境内有住所；

（2）有符合公司章程规定的全体发起人认购的股本总额或者募集的实收股本总额；

（3）股份发行、筹办事项符合法律规定；

（4）发起人制订公司章程，采用募集方式设立的经创立大会通过；

（5）有公司名称，建立符合股份有限公司要求的组织机构；

（6）有公司住所。

3. 无限责任公司

无限责任公司就是全体股东对公司债务承担连带无限责任的公司。所谓连带无限责任包括两层含义：股东对公司债务负无限责任；就是指股东要以自己的全部资产对公司债务负责。当公司资不抵债时，不管股东出资多少，都要拿出自己的全部资产去抵债；股东对公司债务负连带责任；即全体股东共同对公司债务负责，且每一个股东都承担全部债务的责任，在公司资不抵债时，债权人可以要求股东偿债，他既可要求全体股东共同偿债，也可只对其中一个股东提出偿债要求，股东不得拒绝，当一个股东偿还了公司的全部债务后，其他股东就可解除债务。除此之外，连带责任还包括：股东对其加入公司前公司所发生的债务也要负责；在退股登记后，股东对退股时公司所发生的债务在退股后二年内仍负有连带责任；在公司解散后的 3 年至 5 年内，股东对公司债务仍负有偿还责任。

无限责任公司的股东至少要有两个，公司资本是在股东相互熟悉、相互信任的基础上出资形成的。在这里，信任因素起着决定性作用，非至亲好友难以成为公司股东。因此，人们也称无限责任公司为“人合公司”（人合公司，是指以股东的个人信用为公司信用基础的公司。具有很强的合伙色彩。股东之间具有很强的信任性，关系密切。无限责任公司是最典型的人合公司。这种公司对外进行经济活动时，依据的主要不是公司本身的资本或资产状况如何，而是股东个人的信用状况。因为人合公司的股东对公司债务承担无限连带责任，公司资不抵债时，股东应以个人的全部财产清偿公司债务，在这种情况下，股东间应有相当的了解，故而这种公司大多具有家族性的特点。）人合公司是个人担保性质的，即以个人的一切财产作为抵押，一旦破产，全部个人财产作数，这又称为负无限责任；资合公司是资本担保性质的，一旦破产，以全部注册资本作数，不涉及个人财产。无限公司是股份公司的一种类型。

二、企业起名

（一）企业名称

企业的名称是一个企业的标志，对一个企业的发展至关重要，企业名称不仅关系到企业在行业内的影响力，还关系到企业所经营的产品投放市场后，消费者对该企业的认可度。

企业的名称是公众了解企业的首要途径，影响消费者对企业的第一印象，属于企业品牌的组成要素。在设计企业名称时需要遵守简洁明快和内涵丰富的原则，符合我国相关法律规定。

企业名称一般由四部分组成：行政区划、字号、行业特点和组织形式。

1. 行政区划

所谓行政区域划分主要指县以上行政区划的名称，不包括乡镇和其他地域名字。在基本不造成误会的前提下，企业名称冠以行政区划名称时可以省略“省”“市”“县”等字样。企业名称冠以行政区域是企业所在地县以上行政区划分名称，而非企业所在地行政区划名称。各类“经济技术开发区”“保税区”“新技术开发区”“工业园区”等名称不能作为行政区划的名称使用。但是，在企业名称已冠有县级以上行政区划名称的前提下，可以在行政区划名称后缀以经过相关部门批准的“经济技术开发区”等字号。

2. 字号

所谓字号，就是一个企业区别于其他企业的重要标志。字号应该由两个以上的汉字组成。企业有正当理由可以使用本地或异地地名作字号，但不得使用县以上行政区划名称作字号。外商投资企业的中文名称中不得使用外文字母、拼音，国内企业也不得以外文字母、字词作字号。企业字号一般不得使用行业字词。

3. 行业

行业或者经营特点主要是企业需要根据自身的经营范围或经营方式，进而确定名称中的行业或者经营特点字词。该字词需要具体反映企业生产、经营与服务的范围和方式等，不可仅仅使用“发展”“开发”等字词；使用“实业”字样的，应该有下属三个以上的生产、科技型企业。企业应当根据其主营业务，依照国家行业分类标准划分的类别，在企业名称中标明所属行业或者经营特点。

4. 组织形式

所谓企业的组织形式，主要是依据《中华人民共和国公司法》《中华人民共和国中外合资经营企业法》《中华人民共和国中外合作经营企业法》《中华人民共和国外资企业法》申请等级的企业名称，其组织形式为有限公司（有限责任公司）或者股份有限公司；依据其他法律、法规申请登记的企业名称，组织形式不得申请为有限公司（有限责任公司）或股份有限公司，非公司制企业可以申请用“厂”“店”“部”“中心”等作为企业名称的组织形式，例如“北京×××食品厂”“北京×××××技术开发中心”等。

拓展阅读

新创企业起名注意事项

避免存在误导意义的名称；

拒绝具有消极意义的名称；

尽量避免使用字母和数字；

字号部分的数字不宜过多；

字号部分的字词应易读易写，便于记忆；

字号应该适合消费者口味；

公司、企业额名称中不应包含另一个公司或者企业名称；

公司、企业名称不得侵害其他公司、企业的名称权；

不得含有法律法规明文禁止的内容；

不要使用已吊销或注销不到 3 年的公司名称；

不得使用与其他企业变更名称未满一年的原名称相同的名称；

经商标权人许可，商标可以作为字号申请公司或者企业名称；

冠以“中国”“中华”“全国”“国家”“国际”等字样的企业名称须由国务院批准；

在企业名称中使用“中国”“中华”“全国”“国家”字样及不含行政区划的企业名称或其他应由国家工商总局核准的名称由国家工商总局批准。

建议企业命名尽可能符合行业特点、具有深层次的文化底蕴，又能被广大消费者熟知、具有企业的特色。那些具有明显特色的企业名称，其市场竞争力会显著区别于其他企业，能够在消费者心目中产生潜意识的品牌效应，进而为企业未来发展打下较好的知名度。

（二）企业视觉识别标志

作为一种直观表达形式的视觉识别，能够帮新创企业在短时间内向社会传播或宣传文化形象，获得社会市场认同。

企业视觉识别系统（Visual identity system，VI 或 VIS），是将企业理念、企业文化、运用整体的传达系统，通过标准化、规范化的形式语言和系统化的视觉符号，传达给社会大众，具有突出企业个性，塑造企业形象的功能。企业有意识、有计划地将其企业的各种特征向社会公众主动地展示与传播，使公众在市场环境中对某一特定的企业有一个标准化、差别化的印象和认识，以便刚好被市场客户识别并且潜意识留存较好的印象。

企业视觉识别系统主要包括企业名称、企业域名、企业标志、品牌名称、商标、企业标准字、企业标准色、企业宣传口号以及企业吉祥物等，被广泛应用在企业的机器设备、产品包装、办公事务、相关设备、广告媒体、服饰着装以及相关陈列摆件等。企业视觉识别将企业的品牌理念与核心价值，主要借助视觉传播的方式，有组织有计划地将信息传递给客户、社会媒体和公众，进而塑造企业社会形象。

企业视觉识别作为感知企业形象的最直接表现方式，需要保持其内在的一致性和外在的差异性，也就是企业所有的视觉设计都需要严格遵循整齐划一的标准，但是又要与市场中其他竞争者具有显著的差异，进而实现与客户的共鸣。

三、企业选址

企业选址是指企业在开业之前对经营地址进行论证和决策的过程。创业者要充分认识到企业选址对企业经营发展的重要性，对影响企业选址的诸多因素进行科学分析，掌握企业选址的策略和技巧。

影响企业选址的主要因素包括政治、经济、社会、文化、科学技术、行业状况以及企业本身等，其中经济环境和科技要素对新创企业选址决策具有较强的影响，但是需要企业结合实际情况权衡利弊，做出科学合理的选址决策。

企业的选址一般需要将其所需能源、原材料等自然资源的供应情况考虑在内，同时将交通运输条件、劳动力的供应、科技环境条件以及企业特点等具体特质作为新创企业选址的重要参考。比如制造业企业在选址时需要重点考虑生产成本因素，尽可能地选择原材料、燃料动力的就近供应地。劳动密集型企业在选址过程中需要尽可能地选择劳动力供应相对充足及成本较低的区域。服务业企业需要将目标市场、销售以及后续服务等作为参考目标，尽可能满足目标群体的需求。仓储物流企业需要考虑交通运输情况。高新技术企业需要关注和把握技术发展趋势，企业地址要尽可能地选在高校周边。

新创企业选择地址主要经过以下三个步骤：

第一，明确选址的总体目标；

第二，收集、汇总并整理各类影响因素，对这些影响因素进行分析，逐一排序；

第三，以企业的经济效益、社会效益以及长远效益为出发点，采取科学的分析办法，对备选地区方案进行系统评估，根据总体目标权衡取舍，从中得出最佳方案。下表是传统领域企业的选址依据对比。

传统领域企业的选址依据对比

企业类型	企业选址依据
制造企业	接近原材料供应点 水电供应状况较好 运输便捷，成本较低
零售企业	接近目标消费群体 人口相对较多的区域 交通相对便捷的地域
服务企业	附近有与之相容的较大企业，如百货公司周边常常有餐饮、冷饮、美容等店铺，地段相对繁华，人员密集程度和流动程度较高
农林牧渔企业	农林牧渔的作业地域 靠近农贸市场等交通相对便利的地域

四、企业办理工商登记注册

按照我国现行法律法规，创业者注册新公司需要遵循一定的流程，并需要到相应的政府部门登记审批。相关审批登记项目包括：公司核名、提交资料、资本验资、申报营业执照/组织代码证/税务登记证、银行开户、税务报到等。党的十八大以来，党中央、国务院持续深化“放管服”改革，企业工商登记注册流程较以往更为简便，以浙江省为例，创业者可通过浙江政务服务网“最多跑一次”服务，在线上完成工商登记注册手续。

（一）前期准备

创业者需提前确认好公司经营范围、注册资金、股东人数、姓名、股权构成、执行董事、监事、财务负责人等信息，准备好股东、财务负责人身份证电子版。

（二）网上申请

个人登录浙江政务服务网站，在“法人服务”版块中的子栏目“企业开办”中点击“公司设立登记”，按照提示进行填写相关信息，资料信息将在 1 个工作日完成核验，审核成功后创业者会收到信息，法人登录支付宝进行实名核验完成全部工商登记注册流程。

第二节 影响初创企业的相关因素

微视频 8-2　影响初创企业的相关因素

企业初创阶段会面临众多的法律及伦理的相关问题，创业者需要了解企业创建和运营过程中的相关法律和伦理问题，彰显以人为本和承担社会责任的理念。

一、新企业创建的法律事宜

企业在注册过程中面临的法律问题主要包括确定企业的法律组织形式，设立税收记录，协调租赁和融资的问题，起草合同以及专利申请、商标和版权的保护等。

企业组织形式方面的法律法规：我国企业组织形式的法律法规主要有《中华人民共和国个人独资企业法》《中华人民共和国合伙企业法》和《中华人民共和国公司

法》等。

知识产权方面的法律法规：知识产权，主要指权利人对其所创作的智力劳动成果所享有的专有权利，一般只在有限时间内有效。各种智力创造比如发明、文学和艺术作品，以及在商业中使用的标志、名称、图像以及外观设计，都可以被当作某一个体或组织所拥有的知识产权。知识产权从本质上来讲，是一种无形财产权，它的客体是智力成果或者知识产品，是一种无形财产或者一种没有形体的精神财富，是创造性的智力劳动所创造的劳动成果。它与房屋、汽车等有形财产一样，都受到国家法律的保护，都具有价值和使用价值。有些重大专利、驰名商标或作品的价值远远高于固定资产等有形资源。知识产权有两类：一类是著作权，又称为版权、文学产权，另一类是工业产权，也被称为产业产权。

著作权是指自然人、法人或者其他组织对文学、艺术和科学作品依法享有的财产权利和精神权利的总称。主要包括著作权及与著作权有关的邻接权；通常我们说的知识产权主要是指计算机软件著作权和作品的登记。

工业产权则是指工业、商业、农业、林业和其他产业中具有实用经济意义的一种无形财产权，也可称为产业产权，主要包括专利权与商标权。

我国的知识产权法是指中华人民共和国保护知识产权的制度及执法体系。从 1980 年我国加入世界知识产权组织之后，相继陆续制定了与之相关的《商标法》《专利法》《技术合同法》《著作权法》《计算机软件保护条例》等，至今，我国与知识产权相关的法律条文相对发展较为完善。

企业登记注册及运营管理方面的法律法规：新创企业在登记注册阶段需要依据的法律法规主要包括《企业法人登记管理条例》《个人独资企业登记管理方法》《合伙企业登记管理办法》《公司登记管理条例》《外资投资合伙企业登记管理规定》。在企业的实际运营过程中，创业者还需要遵循人力资源等方面的法律法规，主要包括《合同法》和《劳动法》等。除此之外，还需要遵循包括财务和会计、质量标准、安全、绿色环保等方面的法律法规文件。

二、新企业需注意的伦理问题

不管新创企业还是成熟企业，都需要重视伦理道德的建设，主动承担社会责任，才能保障企业的长远发展。

（一）企业伦理概念界定

企业伦理是企业经营本身的伦理，主要是指企业处理内部员工之间、企业与客户之间、企业与其他利益相关者之间以及企业与社会之间的行为规范。

企业伦理这一词汇源于 1970 年阶段的美国社会，我国的企业伦理研究相对起步较晚，处于亟须发展和完善的阶段。企业对伦理的内涵缺乏必要的认知，甚至一些企业片面认为企业的唯一目标就是实现盈利。企业盲目片面地追求利润是不可取的，也是与当今社会发展不协调的。一旦企业只追求利润，极易造成组织经营越来越与社会脱节，最终被市场淘汰。

（二）企业伦理的主要内容

1. 企业与股东

企业根本的责任是利润的追求，因此企业需要积极、努力地获取利润，为股东创造更多的权益。但是也需要注意严格地对企业经营权和所有权进行划分，让职业经理人充分发挥作用，确保企业运营自由。

2. 企业与员工

企业与员工之间的关系主要是劳资伦理，劳资主体双方如何互信、劳资双方如何保有稳定和谐的关系、领导与管理以及职业素质提升等。

3. 企业与客户

企业与客户之间主要是服务伦理，企业需要以客户的实际需求作为企业发展创新的出发点，满足客户的实际需求也是企业生存的重要价值。

4. 企业与同行

企业与同行企业之间主要是竞争伦理，企业应该秉承良性竞争和积极竞争，杜绝恶性抹黑、挖人墙脚以及窃取他人商业机密的不良行为。

5. 企业与社会

企业与社会的发展密不可分，企业的生产和发展离不开社会。企业利润既是源于社会，就应该用于社会，所以企业应该主动承担社会责任，重视社会公益活动，提升企业社会形象，注重企业与环境的绿色协调发展。

6. 企业与政府

企业与政府之间属于政商伦理，企业不但需要遵守政府的相关法律法规，还应该贯彻落实政府的相关政策。

对于新创企业来说，企业的伦理建设首先应该明确企业的伦理目标，之后是规划并严格执行企业伦理的准则，最后是注意企业内部的伦理教育，进而推动企业组织的伦理建设。

典型案例

海底捞企业伦理与文化——营造大家庭的氛围

情感型文化的核心理念是大家庭主义，即员工都以所在的组织为家，同事之间都培养出类似于兄弟姊妹之间的那种亲密感情。海底捞鼓励员工介绍自己的亲人、朋友到海底捞工作，从一定程度上推进了这种家庭的氛围。

传帮带的固有习惯传承

每个新入门员工都会被安排一个师傅，师傅负责把新员工引进门，文化的传递由此而达成。能够成为带徒师傅一定需要特别的资质，比如年资长、表现佳、与企业文化协调性良好的员工才能成为师傅，不至于使杂音在新入门员工的耳朵里出现。

员工自主性的激发

海底捞通过有效的授权和放权来激发员工的自豪感和凝聚力。区域经理有百万以上的自主权，普通员工能够根据情况判断，自主决定是不是可以给客人免费送一些小菜，甚至于对不满意的客人免单，可以不会因向上请示耽误工夫，因而能及时避免顾客抱怨。这种自主性能使员工产生“企业主人翁”的自豪感，因此对这个“大家庭”的归依感会更加强烈。

拒绝空降兵，坚持内部选拔海底捞设置了管理、技术和后勤三个晋升体系，让员工有充分的发展空间。更加重要的是，其管理者和重要岗位人员都必须从底层做起，从为客户直接服务做起（财务和工程岗位除外）。海底捞对“空降兵”很排斥，这也是能保持文化血统纯正的必要手段。但这种自己培养的方式会使人才聚集速度缓慢，成为影响海底捞扩张速度的最大因素。

追求顾客和员工满意度，海底捞对每个分店的考核只注重两项，一是顾客满意度，二是员工满意度。因为在他的理念里，只要顾客满意了，员工满意了，利润不是问题。考核店长利润是不合理的，因为在做到高顾客满意度和员工满意度的前提下，利润就只跟大环境的好坏、店址等因素相关，而这些因素，是店长所没法控制或影响的。试问哪个公司不是把利润率当成考核分公司或子公司的首选指标？海底捞做到了，因此才有人说，“海底捞你学不会”。

弱化冷硬的制度流程，强化内部沟通和创新海底捞的制度流程都尽量不用文件传达的方式来下达，而是由带班班长或店长开会传达并展开讨论，对每项新制度、新措施的精神和理念剖析清楚，让底层员工明白新制度实施的原因和必要性。

鼓励员工全员创新，提出改进建议

海底捞员工按惯例会定期总结、讨论近期内服务客户满意度情况，找出不足和差距，提出改进措施。有些改进措施好的，会在全公司推广，该推广的方法会以提出该建议的员工的名字来命名，这种激励性是非常强大的。

（资料来源：东方计测）

第三节 大学生的创业实践

微视频 8-3 大学生的创业实践

大学生创业实践是基于大学开展的创业教育。20 世纪 80 年代末，联合国教科文组织在面向 21 世纪国际教育发展趋势研讨会上，提出了“创业教育（enterprise education）”这一全新的教育概念。教科文组织指出：从广义上说，创业教育是为了培养具有开拓性的个人；创业教育对培养个人的首创和冒险精神，创业和独立工作的能力，以及技术、社交、管理技能非常重要；从本质上说，创业教育就是培养学生创业意识、创业素质、创业技能的教育活动，即培养学生如何适应社会生存，提高能力，以及进行自我创业的方法和途径。

大学生创业实践作为创业教育的重要内容，是充分挖掘他们的潜能，开发他们创业的基本素质，培养其从事创业实践活动所必须经历的过程。大学生创业实践即是对创业教育的落实，也能增加创业的体验性，是实现创业教育深化的突破口。

一、大学生创业实践项目

支持大学生开展创业实践，需要政府、学校和社会三方面的共同努力。要从大学生的实际出发，所有的支持手段只有符合我国大学生的实际情况，即符合其心理的、社会性的因素，才能达到最佳效果。目前，针对大学生的创业实践活动项目主要有以下几类。

1. 全国大学生创新创业训练计划

全国大学生创新创业训练计划，是“十一五”期间实施“高等学校本科教学质量与教学改革工程”工作中“国家大学生创新性实验计划”工作的延续与深化。

（1）创新训练项目

创新训练项目，是本科生个人或团队在导师指导下，自主完成创新性实验方法的设计、设备和材料的准备、实验的实施、数据处理与分析、总结报告撰写等工作。

创新训练项目倡导申报项目基于实际问题研究与社会企业需求相结合，与本科生毕业论文（设计）相结合。

（2）创业训练项目

创业训练项目，是本科生团队在导师指导下，团队中每个学生在项目实施过程中扮演一个或多个具体的角色，通过编制商业计划书，开展可行性研究、模拟企业运行、进行一定程度的验证试验、撰写创业报告等工作。

（3）创业实践项目

创业实践项目，是学生团队在学校导师和企业导师共同指导下，采用前期创新训练项目（或创新性实验计划项目、大学生研究计划项目等）的成果，开发出一项具有市场前景的创新性产品或者服务，以此为基础开展创业实践活动。项目申请中的学生团队，“创业训练”项目不超过 5 人，“创业实践”项目不超过 8 人；学校根据申请项目性质确定经费额度，每个“创业训练”项目最高 2 万元，“创业实践”项目最高 10 万元；项目执行期为一到三年。

“创业实践”项目原则上必须与企业合作，采取双导师制，企业指导老师应为企业中层领导或工程师以上的技术骨干。

2. “挑战杯”中国大学生创业计划竞赛

清华大学、上海交通大学分别承办了第一、第二届“挑战杯”中国大学生创业计划竞赛。竞赛的成功举办在全国高校中掀起了创新、创业的热潮，产生了良好的社会影响。讯飞、中华行知网、澳视等一批学生创业公司从众多参赛作品中脱颖而出，进入实际运行阶段并逐步走向成熟。

现在，创业计划竞赛已与课外学术科技作品竞赛一起，成为“挑战杯”旗帜下的重要赛事，并形成两赛隔年举办的格局。作为学生科技活动的新载体，创业计划竞赛必将在培养复合型、创造型人才，促进高校产学研结合，推动国内风险投资体系建立方面发挥越来越积极的作用。

值得一提的是，“挑战杯”更是我国大学生课外学术科技成果交流的一场盛会，每年有 1500 多个项目参与竞技。其中，第六届大赛期间科技成果转让成交额突破 1 亿元人民币，为促进我国高校科技成果向现实生产力转化作出了不可磨灭的贡献。

3. 中国国际"互联网+"大学生创新创业大赛

中国国际"互联网+"大学生创新创业大赛是由教育部与政府、各高校共同主办的一项技能大赛。大赛旨在深化高等教育综合改革，激发大学生的创造力，培养造就"大众创业、万众创新"的主力军；推动赛事成果转化，促进"互联网+"新业态形成，服务经济提质增效升级；以创新引领创业、创业带动就业，推动高校毕业生更高质量创业就业。该赛事现已成为我国国内最高水平、最具影响力、参与度最广的大学生创新创业类赛事。

赛道类型：高教主赛道、青年红色筑梦之旅赛道、产业命题赛道。项目类型：新工科类项目、新医科类项目、新农科类项目、新文科类项目。

二、大学生创业实践概况

清华大学中国企业成长与经济安全研究中心、南开大学创业研究中心、西安电子科技大学现代管理研究中心等 7 所高校的有关机构曾开展调研，在 17 所高校发放近 6000 份问卷，对受访者的创业态度、创业倾向和影响因素进行统计分析，调查显示，89.7%的被调查者表示没有参加创业实践活动的经历，只有 10.3%的大学生有创业实践经历。调查活动的发起人表示，虽然高校创业教育对大学生的创业行为有重要的推动作用，但这一体系还须从制度上继续建设和完善。

学校作为学生接受教育的地方，它对学生的影响也是最大的。大学生是否会选择进行创业，在很大程度上取决于校园中的创业氛围、校方给予创业者的制度和资金支持。

为促进大学生创业，许多高校采取了开设创业培训课程、成立创业指导中心和创业园区等做法，都取得了积极效果。如北京大学创立了包括融资服务（MONEY）、营销服务（MARKET）与管理服务（MENTOR）于一体的 3M 创业模式，有效促进了大学生创业。但调查发现，国内高校在对大学生创业扶持政策的宣传上做得不够，不足以吸引潜在创业者。在没有参加过创业活动的学生中，对政府、学校出台的扶助大学生创业的政策，60.12%表示"听说过，但不太清楚"，28.37%表示"完全不知道"。鼓励大学毕业生开展创业，除了转变他们的就业观念外，更重要的是要对他们进行必要的创业指导。高校应该将创业技能和创业精神的培养作为高等教育的重要目标。调查显示，仅 18.01%的学生反映学校有过创业指导，7.27%表示学校提供过创业资金支持。在这一点上，我们与国外相比还有很大的差距。对有效提高创业能力的途径，

52.33%的学生希望进行与创业有关的社会实践，25.09%的学生希望参加创业比赛，33.84%的学生希望与创业成功人士接触，27.92%的学生希望注重创业相关理论教育，上述需求很大程度上还需要学校来满足。值得一提的是，为顺应这一趋势，国内大部分高校已成了专门的创业服务机构，一方面在学校中开展各种讨论和交流活动，定期联系业内人士在校内举行讲座，为学生进行创业指导；另一方面搭建学校和社会的桥梁，为学生创造更多的锻炼机会。

拓展阅读

美国大学生创业实践活动对社会的贡献

一是促成了许多新企业的诞生，拉动了美国经济的增长。美国大学生的创业实践活动，是随着知识经济的到来而萌发的，它是知识经济发展的必然要求。从创业竞赛中孵化出的一批企业，是大学生创业实践活动的一个直接成果。在20世纪五六十年代，当时美国每年只有5万～6万家公司成立。而1993年美国成立了88万家公司，整个20世纪90年代每年都有近100万家新公司成立。据麻省理工学院1999年的一项统计显示，该校毕业生已经创办4000个公司；1990年以来，麻省理工学院毕业生和教师平均每年创建150个新公司，对美国特别是麻省的经济发展作出了重大的贡献。仅1994年，这些公司就雇用了110万人，创造了2320亿美元的销售额。如今，美国表现最优秀的50家高新技术公司有46%出自麻省理工学院的创业计划大赛。其他学校也有佳绩。闻名遐迩的雅虎公司就是一例，其创办者杨致远和他的同伴都是斯坦福大学在读学生，他们以自己对网络搜索引擎的构想，赢得400万美元的投资，几年后这个公司创造了近70亿美元的市场价值，投资回报率高达几百倍。

二是实现了课堂教学与实践的结合，是对学生进行创业教育的一种有效形式。美国大学生的创业实践活动非常有利于学生毕业后进行自主创业。在美国，学校非常鼓励学生把课堂上的理论知识与实际工作结合起来。密歇根州凯特林大学要求所有学生都要参加“合作计划”，该校机械工程系的毕业生本·赫大曼深有体会地说：“工作与学习交替进行，能让你懂得你来学校的理由。”而事实上，整个社会也非常认同大学生的创业实践活动，许多大公司把参加创业实践活动的大学生当作人才库，录用参加创业实践活动的大学生的过程就成为一次人才筛选过程。根据美国大学生和雇主协会1998年的一份调查，在雇主对毕业生最注重的素质中，专业的工作经历排在第二位，仅次于与人的沟通技巧，而学业成绩则列第六位。

三是引起了全社会重视创新的氛围，引导了世界高等教育的发展方向。美国大学生创业实践活动引起了全社会对创新创业的重视，其影响也涉及了基础教育领域。《基督教科学箴言报》在1999年7月26日曾以“身处校园，他们已经是首席执行官”为题，报道了美国中小学生的创业活动，报道说：“成年人掀起的经商热潮正逐渐在高中生和初中生中出现，甚至一些小学生也在开商店和自封为首席执行官。”其原因是电脑和因特网使中小学生发现开办企业和学自行车一样容易，能迅速获得经营任何企业的信息。经商被看成一种合乎情理的职业，又因有着众多的行为榜样，高中甚至初中现在都开设企业课程。当然，“高技术热潮是推动青少年向企业界发展的最重要因素”，但是我们不能不承认美国大学生先走了一步，并把这种影响发展到了全世界。

三、大学生创业实践的途径

经验对创业者具有举足轻重的意义。亨利·福特曾说：“任何人只要做一点有用的事，总会有一点报酬，这种报酬是经验，是世界上最有价值的东西，也是人家抢不去的东西。”就国内的大学生创业者而言，积累创业经验、获得创业实践，一般可以通过以下多种途径：

1. 通过学习或兼职等方式获得创业的初步经验

大学时代是人生的黄金时代，是实现自我蜕变、明确人生定位的关键时期。一般来说，大学生们的自我意识在大学期间基本觉醒，能找到自己的兴趣和价值所在，从而拟定初步的人生规划，这就为以后的成功打下了基础。

机遇总是垂青有准备的人，就有创业意向的大学生来说，大学期间就应为以后的创业做一些初步的准备，积累一些必要的经验。一般来说，大学一年级时，就应主动接受职业价值观方面的教育，开始了解自己的兴趣、特长和专业背景，为今后选择创业、确定职业目标奠定基础。大二、大三时通过参加社会实践和实习活动，对专业的社会需求和发展前景深入了解，根据实践中自我适应程度的反馈信息，反思和调整自己的职业取向，初步确定与自己能力相吻合的职业选择。例如，要对个人的创业条件进行分析，准确定位；同时，看自己是否具备领导气质和心理素质，比如承担风险能力、创新能力、决策能力和领导能力。

此外，在学习工作的过程中，还应做好市场调查和分析，准确掌握市场信息，做好市场预测，建立经营思路，设计市场进入策略，学会常用的财务管理知识，对经营项目的投资、筹资、成本、收益等作出可信的测算。

2. 利用创业实践基地、创业孵化园从事创业实践活动

大学生在开展创新创业活动时，想法很多，并且很多都是高质量的。而要想把一些高质量的创新创业项目、设计投入市场，转化为生产力，关键是要在前期把工作做细、做到位，在确保市场方向正确的情况下，更要敢于去做。如果不付诸实践，再好的项目终究也只是纸上谈兵。

国内高校成立创业实践基地是为了深入推进高校的学研结合，进一步培育大学生创新、创业能力，探索毕业生就业、创业途径，鼓励和扶持大学生自主创业，为学生搭建创业平台，促进高校大学生创业实践活动的展开。创业实践基地是立志于创业的大学生的实践训练场。

创业孵化园提供创业辅导、人才推荐、技术咨询、财税咨询、法律咨询、市场开发、生产办公场地等创业服务，为大学生创业提供便利，为社会培养复合型、创造型人才，为高科技成果的产业化服务，进一步提高了大学生创业的成功率。

3. 从工作实践中获取经验

这是目前一种较受欢迎的创业经验的积累方式。智联招聘曾针对毕业生创业问题在网上专门作过一项调查：在回答“你认为什么时候是最佳创业时机”时，65%的人认为应先在大公司积累经验，30岁以后考虑创业；21%的人认为大学毕业后1～2年就要创业。由此可见，大学生们的创业心态逐步趋于理性，相比在学校积累创业经验而言，在公司工作更接近于实战，不失为积累经验的更好选择。

对多数大学毕业生来说，进入大型企业或外资公司是不错的选择，这样的企业比较正规，各方面保障措施和制度比较健全。而就准备创业的大学生而言，进入小公司或许能够得到更好的锻炼。

除此之外，还有前面提到的创业大赛。有的大赛采用了企业运营电子对抗系统，这是全新的实验实训课程，运用计算机软件与网络技术，结合系统严密和精心设计的商业模拟管理模型及企业决策博弈理论，全面模拟真实企业的商业运营环境，学生在虚拟商业社会中完成企业运营的各项管理决策。还有很多大赛要求创业者组成团队，把自己的团队当成一个小型企业来经营。这样能深度了解一个创业型企业的真实情况，是积累就业经验的难得机会。

典型案例

大学生创新创业案例：海清与智慧树教育创立与成长

海清，温州人，骨子里就有创业的基因，现为智慧树教育咨询有限公司法人、一

个用梦想绘制青春的女孩，一个永不停歇的创客。

在校期间，她勤奋学习，曾获校二等奖学金、校师范生教师技能大赛一等奖。她积极参与团学工作和社会实践，是省级优秀暑期社会实践队骨干成员，并连续两年获得校级先进个人，曾兼职于作文培训机构，学习培训机构的运营模式。她积极参与课题研究，主持国家级大学生创新创业训练计划项目一项，参与市级“科技杯”科研项目两项。

她在2016年年底筹资100万元创办了智慧树教育咨询有限公司，从小学生文化课程培训起步，逐步向自然教育培训转型。半年多的时间，公司营收115万元，净利润45万元，净利润率39.1%，公司业务稳步发展。她积极参加创新创业竞赛，带领团队荣获大学生职业生涯规划与创业大赛二等奖等诸多创新创业大赛优秀奖等奖项。

笃学慎思、明辨尚学

悠长岁月平静，无事亦是蹉跎。与常人不同的是，她的大学生活仿佛过得特别快。三载半时光，经历甚多，受益匪浅。

她的大学从团学会开始，固执的她在填报志愿时只填了团学会外联部，在外联部她遇到了对她影响颇大的学姐，在学姐的帮助和督促下，她开始大展拳脚。大一作为干事，她奔跑在大街小巷，所拉赞助金额突破往年最高纪录，成功与多家企业店铺建立了长期合作关系；大二作为部长级，她带领干事多次承办校外晚会及活动，与干事一同成长；两年的成长积淀和对于团学的不舍，让她在第三年竞选成为了团学会副主席。是团学三年的工作经历，完成了她最初的创业积累。

古人云：“工欲善其事，必先利其器。”在台院的校园里，她被浓厚的学习氛围和学术气息不断熏陶，尽管工作忙碌，她始终没有放弃对学业的追求。除了完成学校的必修课程以外，她利用课余时间钻研教学技能，为成为一名合格的语文教师做好了充分的理论和实践准备。正是由于她的努力和坚持，她三年的综合排名位列班级前茅，多次获得校立奖学金。此外，她凭借扎实的教学技能在师范生教学技能竞赛中脱颖而出，取得一等奖的好成绩。

在竞赛中成长，在科研中探索。校园生活中她乐于和同学交流，互相学习，时常和有创业想法的同学进行思维碰撞，积极参加各级各类的创业比赛，努力贡献自己的力量。她的创业团队代表学校参加省级大学生职业生涯规划与创业大赛，凭借独特的核心竞争力和专业的指导在大赛中获得了二等奖，这些奖项是对她付出的最大肯定，也激励着她不断投身实践，在实践中行走。大四时，她主持的国家级大学生创业创新训练项目成功立项，此外，大学期间，她还参与了两项台州市科技创新项目成功结题。

抓住机遇、大胆创业

大学期间，她做过微商，创办过家教中介平台，积累了一定的创业基础。2016 年暑假，在作文等培训机构工作的经历让她强烈地感受到，课外培训机构注重知识的灌输，忽略素质的提升，缺乏对学生个性发展的引领。因此，她萌生了一个想法——办一个能够激发学生自我发展的培训学校。

2016 年 11 月，海清组建了一支大学生创业团队，她们创办的智慧树教育咨询有限公司正式注册成立。创业初期，她以为只要怀着一颗热忱的创业心，积极投身到创业的大潮中，就会有所收获。但是现实一次次地打磨着她的耐心和责任心：家长的不信任、团队的变故、师资的匮乏……创业的征程上，困难和挫折无法避免，唯有面对。就像海明威所讲："生活总是让我们遍体鳞伤，但到后来，那些受伤的地方一定会变成我们最强壮的地方。"经过一年的摸索和历练，她独创了四个"一体化"的培训系统，运营状况良好，在职教师 7 人，在校学员突破 400 人。她谨记大学老师的一句话：外在的优势可以使我们走得很快，而内在的涵养能使我们走得更远。创业一年多，她利用休息时间广泛阅读外出培训，在学习中提升自己，在竞争中寻找突破，忠实于自己的理念，服务于消费者。

很多事情都没有到需要拼天赋的地步，创业就是这样。她坚信只要选对方向，剩下的就是坚持不懈了！

心怀感恩、回报社会

她回顾自己前进的历程，感恩母校的培养和学院老师的价值观引导。是母校恩师教会了她生存法则，教会她在逆境中守得云开见月明。因此，她竭尽所能以一己之力回报母校。在 2017 年，她以公司的名义赞助了母校话剧节。此外，她每年都会给母校的师范专业学弟学妹预留实习岗位，并为优秀毕业生安排合理的岗位，做到人尽其才。

同时，她也没有忘记回馈社会的责任。积极参与社会公益事业，组织儿童节赠书活动，举办大型公益家庭教育讲座，开展小学生寒假阅读公益活动等。

（资料来源：台州学院官网：十佳创新创业先锋改编）

四、大学生创业实践活动对我们的启示

1. 正确认识大学生的创业实践活动

从 1998 年清华大学举办的第一届大学生创业计划竞赛开始，中国大学生的创业热

潮迅速掀起。一时褒者有之，贬者亦有之。大学生创业实践符合当前素质教育的大方向，它所激发的不仅仅是“老板梦”“致富梦”，更是青年学子的想象力与创造力。创业的过程实际上就是全面提高、磨炼大学生面对社会、面对挫折困难、面对商业操作的综合素质与能力。从这个意义来说，大学生创业实践的成败绝不仅限于某几家公司的兴衰，而应看到它的整体社会效益。这就像当年的硅谷奇花仙童公司，虽然从商业上它以失败告终，但它孕育了英特尔、摩托罗拉等众多世界顶尖高科技公司，这是谁也无法否认的。

2. 采取多种形式对大学生进行创业实践的锻炼

实施创业教育离不开课堂，但又不能拘泥于课堂上灌输的知识。创业教育绝不仅仅是给学生多开几门课程，更重要的是培养学生的素质、锻炼学生的能力，既需要老师的指导，又需要自己亲身的实践。美国哈佛大学不仅有一流的教授讲课，而且还以重视社会实践闻名于世。哈佛商学院的教师到世界各地去旅行，发现和整理各式各样的企业问题，形成案例，供学生在课堂上讨论。在我们的高校中，应树立“大创业教育”的观念，开展多种形式的“大创业实践活动”。除举办学术报告、科研竞赛、创业竞赛，暑期学生社会实践活动，创办各种形式的创业园，指导学生自主设计、创办经营企业外，还应开展多种形式的普及性课外创业实践活动。如组织管理社团或沙龙，设计与组织公共活动，构思与设计报刊，提出新观点，制订小实验、小制作和竞赛活动的实施方案等，都是创业实践活动的重要内容。

3. 形成倡导创新创业的社会氛围

近年来，许多高校相继推出鼓励学生创业的重大举措，我国大学生的创业活动迅速掀起热潮。清华大学为了鼓励在读学生的创业活动，也制定了相关政策，允许一部分有创造力、有决心的学生，在其创业的关键时期申请休学，让他们创办公司，学校为其保留一段时间学籍，即所谓“休学创业”。从今后的劳动力市场及大学生求职方面来看，大学毕业生自主创业必将成为大学生实现就业的主要渠道之一。我国第三次教育工作会议也明确要求从多方面鼓励高校毕业生自主创业，扶持大学生开办、承包和改造企业，特别是小型科技民营企业，实现自己就业的同时，也为社会提供新的就业岗位。

本章小结

本章重点阐述了新办企业组织形式、起名、选址及注册等问题，新企业面临的法律问题与伦理问题。创办新企业要做好前期的相关材料准备，并且及时关注相关政策文件，根据外部环境调整业务范围或主营业务。大学生积极参加创业实践可以培养创业基本素质，充分挖掘创业潜能，是实现创业教育深化的突破口。大学生要积极学习与时俱进的市场思维与方法为我所用，提升创业成功的概率。

思考与练习

1. 根据创业计划书为新企业选择合适的组织形式，并进行可行性分析。
2. 为你准备创办的企业及其产品或服务起名。
3. 为你准备创办的企业编写相关文件，如合伙协议、公司章程、发起人协议。

【课外实践】

试假想你的企业的相关情况，并填写下表：

1. 初创企业经营选址

地址	面积	费用	选择该地的主要原因

2. 填写初创企业的相关信息

企业名称	
企业类型	
法定形态	

3. 试填写初创企业注册登记计划

所需办理的相关证件	办理机构组织	预计所需费用

4. 企业合伙人（企业股东、合伙人、出资人）

企业合伙人				
出资方式				
出资额				
股权比例				
业务分工				

教学活动

活动 1　项目路演

活动目的：

通过创业项目路演活动，让学生了解创业项目路演的内涵和价值，掌握 PPT 的制作方法和路演中的技巧，培养学生创业应具备的沟通、表达、组织等能力，提升学生的创业信心。

活动内容：

以小组为单位，根据各小组撰写的创业计划书，结合创业项目路演的相关内容，制作路演 PPT，并进行路演汇报，向其他团队介绍自己商业计划，并完成答辩。

活动过程：

1. 各组进行人员合理分工，收集相关材料，做好路演的前期准备工作。

2. 根据创业计划书确定 PPT 的框架和思路，小组成员分工合作，完成项目路演 PPT 制作。

3. 选定一位演讲者，根据 PPT 内容撰写演讲稿，反复模拟练习。

4. 正式路演展示，完成后接受教师和其他听众的提问并回答，主要安排组员记录。

5. 教师根据路演展示和答辩情况，进行评分。

活动 2　供给与需求

活动目的：

游戏是在模拟一个真实的企业经营环境。其设计目的是为了给学员提供机会，让他们做出各种经营决策并面对这些决策带来的后果，而这些决策正是他们在实际企业经营中必须做出的。本次活动为该系列游戏的模块二。

活动道具：

1. SIYB 游戏沙盘道具包；

2. 标准帽原材料：游戏中用白纸作为生产产品的原材料，白纸尺寸为 A6 纸大小，即标准 A4 纸的四分之一。教师要确保准备了足够的原材料，可以用废纸做原材料，同时注意在游戏结束后回收用过的纸张。

活动规则：

1. 教师可以先找两位助手配合活动。向学生说明该模块不再使用诚信超市和情景卡。

2. 将学生按照团队分成若干组，其中少量为零售商，其余为生产商。

3. 教师结合实物向学生讲解游戏沙盘道具的性质与作用。注意在该模块中帽子的售价要根据市场需要调整。演示“供给和需求”指示图的使用方法，在活动过程中确保指示图被所有团队看到。

4. 告知各组本镇居民在17日领工资，这就造成市场对帽子的需求是波动的。

5. 生产商可以向李玉收购店、零售商（学生团队）和赊销市场销售自己的产品，他们的收购数量、价格各不相同。其中李玉收购店每周只从每个制造商那里收购3顶质量合格的帽子，价格仍是80元/顶。生产商也可以把产品卖给零售商，双方需就产品质量、数量和价格进行谈判并达成协议。生产商还可以把产品卖给赊销市场，该市场对帽子不限购，价格为90元/顶，但还款时间和金额需要通过转动“钱会还吗?”指针进行确定。

6. 各组都有100元存款，此外还可以在游戏开始第一天从银行获得200元贷款，贷款将于29日连本带息还给银行，还款金额为250元。所有小组必须要在27日付100元房租。

7. 每周的具体活动如下：

周一，生产商从张纲批发店以每张40元的价格购买原材料，一手交钱，一手交货；

周二，生产商生产标准帽；

周三，生产商销售产品，零售商购买产品；

周四，零售商销售帽子，然后各组回收所有欠款；

周五，各组制订下周计划；零售商通过“供给和需求”指示图确定下周的市场状况；

周六，各组支付工资110元，包括该月第一个和最后一个周六在内；

周日，各组休息时间。

8. 在游戏的最后一天计算当月的利润，注意应扣除月初的100元存款。

思考与讨论：

1. 作为制造商：与零售商的谈判如何？是否签订合同，合同是否履行了？制造商之间有效合作了吗？与其他制造商相比盈利（亏损）的原因是什么？

2. 作为零售商：是否了解各组制造商的产能？面对波动的需求如何制定营销战略？与制造商的谈判如何？是否签订合同，合同是否履行了？如何能做得更好？

参考文献

[1] 施永川. 大学生创业基础：2 版[M]. 北京：高等教育出版社，2020.

[2] 左益，朱辉荣，李红波. 大学生创业指导与实践［M］. 北京：高等教育出版社，2018.

[3] 白永生. 互联网＋大学生创业［M］. 北京：高等教育出版社，2018.

[4] 刘辉，李强，王秀艳. 大学生创新创业教程［M］. 上海：上海交通大学出版社，2016.

[5] 莱斯. 精益创业 2.0［M］. 北京：中信出版社，2020.

[6] 李肖鸣，朱建新. 大学生创业基础：2 版［M］. 北京：清华大学出版社，2013.

[7] 李家华. 创业基础［M］. 北京：北京师范大学出版社，2013.

[8] 吴运迪. 大学生创业指导［M］. 北京：清华大学出版社，2012.

[9] AFUAH A & TUCCI C L. Internet business models and strategies: text and cases [M]. Boston: McGraw-Hill Higher Education, 2000.

[10] 马小龙. 大学生创业基础［M］. 北京：高等教育出版社，2017.

[11] 王呈斌. 创业基础［M］. 北京：高等教育出版社，2019.

[12] 内克，格林，布拉什. 如何教创业：基于实践的百森教学法［M］. 北京：机械工业出版社，2015

[13] 张玉利. 创新与创业基础［M］. 北京：高等教育出版社，2017.

[14] 邱鑫，温和瑞，古莹奎. 创新创业基础［M］. 北京：高等教育出版社，2020.

[15] 张汝山. 大学生创新创业教育［M］. 北京：高等教育出版社，2019.

[16] 段治文. 浙江精神与浙江发展［M］. 杭州：浙江大学出版社，2020.

[17] 王强，陈姚. 创新创业基础案例教学与情境模拟［M］. 北京：中国人民大学出版社，2021.

[18] 陈申. 创业基础与实训［M］. 北京：机械工业出版社，2019.

[19] 黄明睿，朱梦梅，马小龙. 创新创业基础与实践［M］. 北京：科学出版社，2021.

[20] 王艳茹. 创新创业教程 [M]. 北京：中国铁道出版社有限公司，2020.

[21] 蒋侃，王淑萍，胡峰. 创业基础 [M]. 北京：北京大学出版社，2021.

[22] 栗继祖. 创业基础 [M]. 北京：机械工业出版社，2022.

[23] 何辉，许祥鹏. 创业基础与实践 [M]. 北京：电子工业出版社，2021.

[24] 马海鹰，刘健，赵婷. 创业基础 [M]. 哈尔滨：哈尔滨工业大学出版社，2021.

[25] 倪锋. 创新创业概论 [M]. 北京：高等教育出版社，2016.

[26] 张立峰，柏文静，李红艳. 创业基础：大学生的创新创业之道 [M]. 北京：中国人民大学出版社，2021.

[27] 于春杰. 创业基础 [M]. 北京：清华大学出版社，2020.

[28] 张耀辉. 创业基础 [M]. 北京：重庆大学出版社，2018.

[29] 姜文龙. 大学生创新创业基础教程 [M]. 北京：高等教育出版社，2019.

[30] 李巍，吴朝彦. 创业基础 [M]. 北京：中国人民大学出版社，2021.

[31] 杨京智. 大学生创新创业基础 [M]. 北京：人民邮电出版社，2019.

[32] 李变花，姬康. 创新创业基础：跨界与融合 [M]. 北京：北京师范大学出版社，2020.